全試験対応！

超思考力

わかる

書ける

受かる

受講生は必ず合格！受講希望者殺到の国語塾

β（ベータ）国語教室代表

善方威

Zenpo Takeshi

かんき出版

はじめに

世の中は非常に早いスピードで変化していますが、変わらないこともあります。その一つが学校の国語の授業です。親御さんが、今、お子さんの授業に参加したとしても、違和感を覚えることはきっとないでしょう。**数十年たっても、教室で教えられている内容はほぼ昔のまま**だからです。物語を読んで感想を言い合う、現代文や古文の文法を暗記する、漢字のテストをする。これらの勉強は決して無駄ではなく、もちろん役に立つ考え方や知識です。しかし、大人になってから実用的な意味で役に立つ場面は正直、あまり多いとは言えません。なぜなら、ほとんどの仕事では物語や古文を直接的に扱うことはありませんし、漢字はパソコンやスマホが教えてくれるからです。

では、社会に出たときに本当に必要な国語力とは、いったいどのようなものなのでしょうか。それは、次の3つだと私は考えます。

- **読解力**
- **思考力**
- **表現力**

つまり、**「読むことで内容を理解し」、「それをもとに自分の頭で考え」、「その考えを表現する」**。この3つの力なくしては、自立した大人としてこの社会でよりよい働きをすることはできません。しかし、大人も含め、この3つの力を身につけていると自信をもって言える人は、多くはありません。ただ、それも仕方のないことだと思います。なぜなら、冒頭でご説明したように、私たちは小中高の12年におよぶ国語の授業のなかで、これらのことを学ぶ機会がほとんどなかったからです。

にも関わらず、教育現場には大きな変化が起こっています。入試改革です。すでに試験問題だけは、授業で教えないこの3つの力を使って解答しなければならない内容に大きく変わっているのです。**弓矢や刀の稽古を必死でしてきたのに、実際に戦場に出てみたら鉄砲の時代に変わっていた――**。今の子どもたちは、そんな状況に陥っているのです。

ですから、いくら学校で国語の成績がよいというお子さんであっても、本番の入試であっさり負けてしまう、という現実があります。それは、新しい入試に必要な力を、そもそも身につけていないからに他なりません。鉄砲を手にして、その打ち方を教わらなくては、実戦で使うことはできません。

新しい戦に鉄砲が必要なように、これら3つの力には新しい道具が必要です。読解に必要な「読解の道具」に関しては、前著『全教科対応！ 読める・わかる・解ける 超読解力』（かんき出版）に譲りますが、思考するにも、表現するにも、「思考の道具」が必要です。この「思考の道具」とは、言い換えるなら**「あてはめる力」**のこと。これはたとえば算数で、この問題は「植木算」、この問題は「旅人算」と、**ある公式や解き方に当てはめて問題を考えるのと同じ**です。このような公式を理解して、使える形で記憶していれば、思考することが容易になり、また、それを表現する方法も見えてくるものなのです。

「思考の道具」は短期間で身につく

算数の公式にあたる「思考の道具」は、うれしいことに短期間で身につけることができます。都立中学校の受験準備のために、私の教室に半年間通った生徒がいました。この後お見せするように、都立中学校入試の国語に当たる問題は、非常に深い思考力と表現力が試される難度の高いものです。しかし、私のところに来たときのその生徒の国語の偏差値は、50に届くか届かないかという平均的なもので、思考力が飛び抜けて高いということもありませんでした。その生徒には、算数の公式を教えるように、本書で紹介する思考の道具の使い方を説明し、それを理解したうえで記憶して実行できるよう、徹底的に反復練習をしました。初めて接する「思考の道具」ですから最初は戸惑っていましたが、4か月ほどで慣れてきて、だんだんと使えるようになってきました。そしてなんとか本番の入試に間に合い、第一志望の都立中学校へ進学することができました。この生徒は、定期テストの前にはこの「思考の道具」をおさらいしてから臨んでいるそうで、現在では国語の成績で上位を維持しています。このように「思考の道具」を錆びつかせることなく使い続ければ、それはそのまま、**大学入試やその後の長い人生の強力な武器にもなる**のです。

「思考力」というと、多くの人が「もとから備わっているもの」と思いがちです。子どもであれば「地頭がいい子」、大人であれば「頭のいい人」が持っているものと思われています。しかし、思考力とそれにともなう表現力というのは、そのようなぼんやりしたものではありません。**道具を得て、訓練すれば、誰でも身につけることができる**ものなのです。

そして、最初は「借り物の道具」であったとしても、自分の頭で考え、使い続けることでそれは本物の「思考力」「表現力」へと変化していきます。まずは何より、新しい道具を手にすること、それが大切なのです。

⁘ 入試問題は大きく変わっている

入試の変化を感じていただくために、ここでいくつかの入試問題をご紹介します。「わかりやすい解決法」も示しますので、ぜひおつきあいください。

近年、入試の内容は親の世代が想像できないほど、高度になっています。さらに、2020年度から始まる新しい「学習指導要領」では、これまでの知識や技能に加えて、「思考力・判断力・表現力」や「学びに向かう力・人間性」を育てることが大きな柱として示されました。つまり、知識の習得は変わらず必要としながらも、「その知識を使って、思考を展開し、表現する」ことが、学校現場で子どもたち一人ひとりに求められるようになってきたのです。

このような思考力を重視する傾向は、すでに中学入試では始まっていました。東京の都立中学の「適性検査」という入試が、俗に「思考力入試」といわれるのは、知識だけでは対応できない入試問題だからです。

ただここに、一つ誤解があります。多くの方がこれら「思考力入試」を単なる「記述形式の入試」に過ぎないととらえていることです。しかし実際は、それほど単純なものではありません。その誤解をあきらかにするためにも、2019年に行われた都立桜修館中の「適性検査Ⅰ」の出題と問題を割愛することなく見ていきましょう。「適性検査Ⅰ」はいわゆる国語にあたる科目です。

次の**文章A**・**文章B**を読んで、あとの**問題**に答えなさい。

文章A

わかろうとあせったり、意味を考えめぐらしたりなどしても、味は出てくるものではない。だから早く飲み込(こ)もうとせずに、ゆっくりと舌の上でころがしていればよいのである。そのうちに、おのずから湧然(ゆうぜん)として味がわかってくる。

（和辻哲郎(わつじてつろう)「露伴(ろはん)先生の思い出」による）

文章B

大事なことは、困難(こんなん)な問題に直面したときに、すぐに結論(けつろん)を出さないで、問題が自分のなかで立体的に見えてくるまでいわば潜水(せんすい)しつづけるということなのだ。それが、知性に肺活量(はいかつりょう)をつけるということだ。

（鷲田清一(わしだきよかず)「わかりやすいはわかりにくい？——臨床哲学講座(りんしょうてつがくこうざ)」による）

〈言葉の説明〉　湧然……水などがわき出る様子。

右の**文章A**は明治から昭和にかけて活やくした哲学者(てつがくしゃ)・和辻哲郎(わつじてつろう)が、小説家

幸田露伴との思い出について書いた文章の一部分で、師である幸田露伴から学んだ、俳句を楽しむときの心構えを述べたものです。**文章B**は現代の哲学者・鷲田清一が、知性について書いた文章の一部分で、物事を考えたり判断したりするときの心構えを述べたものです。

この二つの文章は、同じようなことを述べていますが、その中には、ちがいもあります。あなたはこの二つの文章の共通する点と、異なる点を、どのように読み取りましたか。解答らん①には、物事に向き合うときの心構えについて共通する点を、二十字以上、四十字以内で分かりやすく書きましょう。解答らん②には、それぞれの筆者が伝えたいことについて異なる点を、「Aは……。」、段落をかえて「Bは……。」という構成で、全体で百四十字以上、百六十字以内で分かりやすく書きましょう。

また、この二つの文章を読んで、あなたはどのようなことを考えましたか。解答らん③に、あなたの考えを、いくつかの段落に分けて、四百字以上、五百字以内で分かりやすく書きましょう。

(都立桜修館中等教育学校　令和元年　適性検査Ⅰ・改変)

いかがでしょうか。驚くのが、**文章Ａ・Ｂ**の文字量の少なさと、問題の文字量の多さです。前者がＡ・Ｂ合わせておよそ２００字であるのに対し、後者は４５０字ほど。このように短い文章では、それをガイドとして「それなりの答えを記述する」ということができません。いっぽうで問題は、「共通点」「相違点」「自分の考え」を詳細に述べるように指示する内容となっています。つまり「(短い文をヒントに)自分の考えを述べる」のがこの問題です。たんに「文章の要約」をしたり、「登場人物の気持ちを説明」したりするような記述問題とは、一線を画しています。

このような入試問題では、文章の真の意味を見抜く自分なりの物差しと、物事に対する自分の意見がなければ、まともな解答を書くことはできません。

くり返しますが、これは中学入試です。解答するのは、11歳、12歳の小学６年生。手ぶらでは、このような思考力が必要とされる問題に解答できません。その手に「思考の道具」を持たせてあげないといけないのです。この問題の解答例は１６６ページに掲載しています。

本書は、入試対策だけでなく、私たち一人ひとりが思考するための助けになるようにつくられています。**受験生だけでなく、ビジネスパーソンにも、もちろん役に立つ内容です。**ここで中学入試問題を多くとりあげているのは、私が中学入試を中心に教えているからだけではありません。中学入試には良問がそろっているからです。たとえば麻布（あざぶ）中の社会は、東大の歴史の入試問題に通じるものがありますし、問題から読み取れる両学校の歴史を見つめる視点は、私たちがどのように歴史から思考すべきかの大きなヒントにもなっています。

改めて、問題を見ていきましょう。ちなみにこの問題は、平成11年の東京大学の日本史の問題とよく似ています。

問題

室町時代には、農民の暮らしの中からも、さまざまな文化の伝統が生み出されました。その代表例をあげながら、それらがどうして当時の農民の暮らしの中から生み出されたのか、書きなさい。

（麻布（あざぶ）中学校　社会　平成13年・改変）

この問題に対する、「知識をベースとした従来型の解答例」は次の通りです。

知識ベースの解答例

代表例：祭り
理由：農村には惣(そう)という自治組織がつくられて、農民たちが協力するようになり、祭りの運営も行うことができたから。

この解答は、室町の農村文化について述べるものです。室町時代には、「惣」とよばれる農民の自治組織がつくられたこと、それが農業や祭礼を共同で行ったこと、またその団結が一揆につながったことなどは、受験生が知識として暗記しているものです。しかし「知識での解答」は、問題と「1対1」の関係でしかありません。つまり、「室町時代の農村＝惣に関する知識」であり、他の問題に利用することはできません。

いっぽう、「思考の道具」を使えば、これが**「1対1を超えた」、広く応用が効く**ものに変わります。ここでは68ページでくわしくご紹介する、「必要性」「許容性」という「思考の道具」を使って答えていきましょう。理由を問われたときに便利に使える道具です。

思考力「必要性」「許容性」ベースの解答例

代表例：祭り
理由：農業は天候に左右されるため祭りを通して神に祈ることが必要だったから。また生産が増えて、祭りをする余裕があったから。

理由を問われた問題では、このように「必要性」は何か、「許容性」はあるのかを考えると、うまく解答できることが多いのです。「余裕があった」ということは、「そうすることが許容できた」ということです。ここでは室町時代の農村に関する用語を入れずに解答しています。そして、それでも筋の通った答えを得ることができるのです（歴史用語を含んだくわしい解答は71ページをご覧ください）。

6ページであげた「学習指導要領」からすれば、これからの入試は「1対1」の知識ベースでは、解答できなくなっていきます。たとえば次のような問題に受験生は対処しなければならなくなるのです。この2020年度の海城中の社会は、ココ・シャネルを通じて、女性の社会進出とファッションについて、思考力が必要な記述問題を出しています。

シャネルが1916年に発表したジャージードレスが上流階級の女性たちに広く受け入れられたのは、女性たちが服装を選ぶ基準が大きく変化したからだといわれています。では、基準の変化の内容およびその変化の理由を、**資料1~資料4**から読み取れることをふまえ、220字以内で説明しなさい。そのとき、女性たちの生活状況が第一次世界大戦によってどのように変化したかについてふれること。

（海城中学校　社会　令和2年・改変）

資料1　19世紀末から20世紀初頭にかけてのヨーロッパの女性服

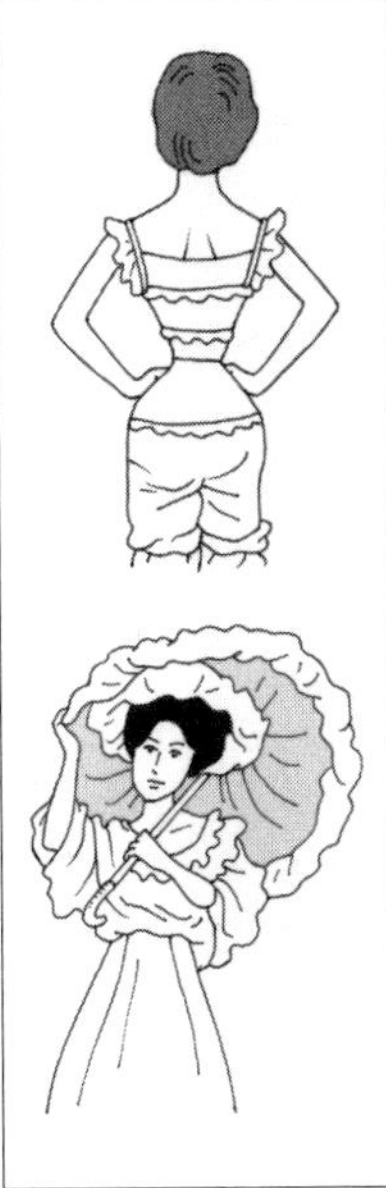

上：「コルセット」とよばれる、上半身を強く締め付けて体形を細く見せる下着を着用する女性。
下：上流階級の女性たちが、競馬場や社交場に行くために着用していた服装。ドレスの下にはコルセットを着用している。

資料2　ジャージードレスのデザイン

（日置久子『女性の服飾文化史─新しい美と機能性を求めて─』・深井晃子ほか『増補新装カラー版　世界服飾史』より作成）

資料3　ジャージードレスに使われた生地の特徴

図A

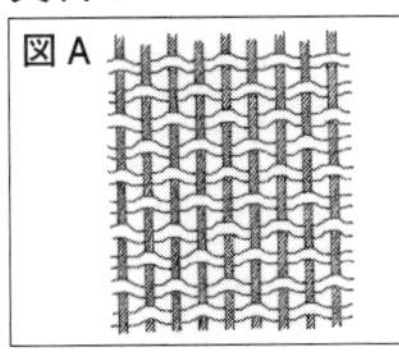

図B

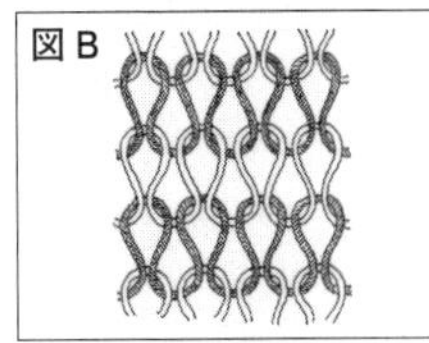

従来、ドレスの生地には図Aのような織り方のものが多く使用されていたが、シャネルが使用したジャージー素材の生地は、従来と同じ素材を用いながらも、図Bのような織り方によって作られていた。（日置久子『女性の服飾文化史─新しい美と機能性を求めて─』より作成）

資料4　第一次世界大戦中のイギリスにおける女性労働者数の変化

業種	1914年を100としたときの、1918年11月時点で雇用されていた女性労働者の数
路面電車・バス	2325
ガス・水道・電力	1500
製鉄	1147

（林田敏子『戦う女、戦えない女　第一次世界大戦期のジェンダーとセクシュアリティ』より作成）

解答例

戦争で男性が戦地に赴き、働き手が不足したため、女性の労働力が求められることになった。その労働する女性には、動きやすい服が必要だったから。またジャージードレスは伸縮性があるため、その希望をかなえることができ、さらに女性の社会進出により、男性のためでなく女性が自分自身のためのファッションをすることが許容されたから。

中学受験の社会の知識に、ココ・シャネルは含まれません。しかし、このような問題が当たり前に出題される以上、何らかの対策が必要です。そしてこういった「理由を問う」問題で使えるのは、「思考の道具」なのです。

奇しくも２０２０年は、麻布中の社会も「衣服」がテーマ。衣服やファッションについて、10問以上の記述問題を出題しています。これはいわゆる「中学受験の歴史の知識だけ」では到底太刀打ちできない問題です。

しかし、第２章で紹介する「思考の道具」を使えば、詰め込んだ知識だけでは解けない多くの問題に、対処することができるようになります。もちろん知っていることが多いことはとても大事です。しかし、知識重視のタイプには、知らないことに直面すると途端に対応できなくなるという傾向の人がとても多い。しかし世の中の問題は、知っていることだけで解決できることのほうが少ないのではないでしょうか。ふつうは、100問解いても101問目は別の問題です。**しかし「思考の道具」を手に入れれば、101問目は「知っている問題」に変わります。**

「室町時代の農村の知識」はこれから先使わないかもしれませんが、「必要性」「許容性」を使う考え方は、社会、国語などの科目の問題だけでなく、社会問題を考えるうえでも使うことができます。**「思考の道具」は、受験だけでなく、一人の人間として思考を深めるために使うことができるのです。**

∴表現できない＝考えていない

前述の通り、私たちは、政治、社会、教育、疫病、国際関係など、容易に答えの出せない難問に囲まれています。そしてこれらは自分とは関係ない、とやり過ごすことができなくなっています。たとえば、２０２０年コロナ禍の下での学校の一斉休校の決定。多くの保護者が頭を悩ませ、何が正解なのかを考えざるを得ない状況に陥りました。こういった問題も「思考の道具（66ページ）」で、論理的に深く考えることができるのです。

そして深めた思考は、上手にアウトプットしていかなければなりません。そのために第3章では、アウトプットの仕方を具体的にご説明します。いくら頭のなかで素晴らしい思考を展開していたとしても、うまく表現できなければ、宝のもちぐされ。思考していないのと同じとみなされても仕方ありません。**書き方にはコツがあります。**そのコツをしっかりとおさえていきましょう。

ここで生徒たちに「思考の道具」を配っている私について、簡単にご紹介させてください。

私は学生の頃、弁護士をめざし司法試験の勉強をしていました。早稲田大学ではトップの実績を誇り、多数の法律家や官僚を輩出している「緑法会」の幹事長に選ばれるなど、精一杯法律の勉強に打ち込んでいました。その後、体を壊し弁護士になる夢は潰えたものの、司法試験の模擬試験問題や解説を作成する仕事をし、長いあいだ法律の文章に携わってきました。それが中学受験生を指導するようになったのは、「法律の文章を読むように文章を読めば、ずっと容易に読解ができる」とわかったからです。

また、思考力入試へと流れが変化したことによって、国語のみならず思考力を高めなければ解けない他の科目の問題に多く出会うようになりました。こういった問題は、法律の勉強で培った論理的にものを考える方法（「思考の道具」）で解決できることも、生徒たちとの試行錯誤のなかで学んでいきました。**国語だけでなく、社会、適性検査、そして東大の歴史の問題にも、この「思考の道具」で対処することができます。**

それでは第1章にまいりましょう。

第1章は「思考の前提」についてお話ししています。中心となるのは『**疑う力**』です。思考する前段階として、この力がないと誤った情報にもとづいて考えることになりかねず、その後の思考が意味をなさないからです。『疑う力』というのは「それが正しかったら、何が起きるか？」と冷静に論理をたどって考える力です。それは目の前の情報に対してもそうですし、自分の頭のなかにある思考についても同じです。

私は前著『全教科対応！　読める・わかる・解ける　超読解力』（かんき出版）の最後に、次のようなことを書きました。

「本書で述べた『当てはめる力』で読解力は飛躍的に伸びます。ですが最後に、もう一歩進んだ提案をさせてください。それは**本書にある**『**図式**』**それ自体を疑って考える**ということです。」

疑って考えること。それは思考のスタートです。本書で一緒に、一生涯使える本物の思考力を身につけていきましょう。

2021年1月

β（ベータ）国語教室　代表　善方威

『全試験対応！　わかる・書ける・受かる超思考力』　もくじ

はじめに……2

第1章 〈思考の前提〉「正しい思考」は「正確な情報」から〜『疑う力』とは

1 思考の前提として　『疑う力』を持つ……28
2 思考の前提として　「公的なもの」だって「疑わしい」！……32
3 思考の前提として　選択式問題に驚きの効果『疑う力』……38
4 思考の前提として　嘘つきはやっぱりベン図を広げる……44
5 思考の前提として　法律はベン図が広い……49
6 思考の前提として　「抽象的な正しさ」にだまされるな！……52
7 思考の前提として　「怪しい言葉」は嘘の目印……56

第2章

「どのような問題」で「どのような考え方」をすべきか

〈思考の道具〉

1 「考え方がわからない」はこれで解決……66

2 理由を問われたら　入試問題で考える「必要性」「許容性」……68

3 身近な問題で考える「必要性」「許容性」……75

4 社会問題で考える「必要性」「許容性」　～主体の「正当性」と手段の「妥当性」……79

5 未知の問題は大チャンス!!　「似た事柄」を考えろ！……83

6 入試問題での「未知との遭遇」でも「似た事柄」を思い出せ！……87

7 「みんなちがってみんないい」　「多様性」を考える……91

8 「多様性」と「特殊性」を同時に考える……96

9 受験生が気づかない「多様性」という視点……100
10 仕事、経済、経営に関することは「お金スペシャル」で考える……103
11 政治・公民では「利益」よりも「公益」が大事……111
12 「お金スペシャル」需要と供給……116
13 地域の問題は「雨温図」で考える……120
14 「雨温図」から具体的事実を推測する……124
15 図表では「極端なもの」に着目する……132
16 「理性」「感情」という視点で世のなかを見る「ニスペワン」……138
17 「ニスペワン」を使ってみよう……147
18 「自己主張」「妥協と協調」という視点で世のなかを見る「ニスペツー」……156
19 「はじめに」の問題を「ニスペ」で答える……163

第3章 思考のアウトプットにはコツがある

1 思考をアウトプットするために……170
2 短い文で書けば、伝わる文章が書ける……172
3 ポイントはうしろ……179
4 記述のヒント 具体的から抽象的へ……184
5 記述のヒント 抽象的な決め言葉から、具体的内容を考える……190
6 因果関係に注意する……195
7 真ん中を省略しない……199
8 誤解を与えないことを第一として……203
あとがき ―全試験対応とは―GMAT、医師の国試にも有効です……206

カバーデザイン◎根本佐知子（梔図案室）
本文デザイン・DTP◎二ノ宮匡（ニクスインク）
本文イラスト◎角愼作
編集協力◎黒坂真由子、八川奈未（オルタナプロ）

注意点

・本書で扱っている入試問題は、思考の訓練のために選んだものです。実際の問題内で指定している文字数は基本的に割愛しています。

・本書の解答例は学校が発表しているものではありません。

・引用や問題文における傍線や波線は、編集部がつけている場合があります。

・中学入試においては、学校による問題形式に大きな違いがあります。思考力をさほど求めない入試をする学校もありますので、入試対策の一環として本書を読む場合は、まず志望校の問題形式を確認することをおすすめします（もちろん思考力は将来的に必要ですので、無駄にはなりません）。

・政治を例にとることもありますが、こちらも思考訓練の例題として活用したものです。筆者の主義や政治的な主張ではありません。

第1章

〈思考の前提〉「正しい思考」は「正確な情報」から〜『疑う力』とは

1 思考の前提として『疑う力』を持つ

不安なとき、私たちは「信じたいこと」を信じてしまう傾向があります。デマや噂(うわさ)は、社会が不安に陥ったときに、猛威をふるいます。私は思考力を発揮する前提として、まず情報を「疑う力」が必要だと考えています。なぜなら、**情報の真偽や妥当性の見当をつけることができなければ、その後の思考も役に立たない**からです。そしてデマや噂にもとづいた思考は不毛であるだけでなく、時に非常に危険なものだからです。

もちろんこれは現代に限ったことではありません。

1923年に起こった関東大震災では、「朝鮮人が放火した」「井戸に毒を入れた」などのデマが広がり、「朝鮮人」を含む多くの外国人だけでなく、地方出身の日本人や社会主義者などが虐殺されました。驚くのは、そのデマの広がりの速さです。ＳＮＳもない時代に、翌日にはすでに巡査が警戒に回るほどに、市中に噂は広がっていました。

このときの様子を批判的に見ていたのが、夏目漱石の弟子として知られる物理学者で随筆家の寺田寅彦です。当時の様子がよくわかる次のような文章を残しています。

「昨夜上野公園で露宿していたら巡査が来て○○人の放火者が徘徊するから注意しろと云ったそうだ。井戸に毒を入れるとか、爆弾を投げるとかさまざまな浮説が聞こえて来る。こんな場末の町へまでも荒して歩くためには一体何千キロの毒薬、何万キロの爆弾が入るであろうか、そういう目の子勘定だけからでも自分にはその話は信ぜられなかった」

（『柿の種』小山書店）

大切なのは傍線を引いた「一体何千キロの～目の子勘定だけからでも」とい

う部分です。毒や爆弾がどれだけ必要かざっと計算してみただけで、そんなことはありえないとわかる、と言っています。しかし、このような冷静な判断ができた人は少数でした。

コロナ禍においても、ネット上にはさまざまな流言飛語（りゅうげんひご）が飛び交いました。不安のなかにいると、いつもの冷静さがどこかに飛んでしまい、ふだんであったらとても信じることができないようなことでさえ、真に受けてしまいます。

私のところにも「コロナは太陽光で死滅する」「コロナはただの風邪にすぎない」という噂（うわさ）が聞こえてきました。みなさんの耳にも、信じたくなるものから笑ってしまうものまで、さまざまな噂が入ってきたと思います。このようなとき、ＳＮＳでその情報を発信したり、人に伝えたりする前に、**「それが正しかったら、何が起きるか？」**と自問してみることが大切です。

「それが正しかったら？」と考える。これが私が読者のみなさんに強くお勧めしたい『疑う力』（論理学では「背理法」とよばれるもの）です。

たとえば先ほどの太陽光の話であれば「（それが正しかったら）太陽光の強

い熱帯地域では新型コロナは流行しないだろう」「(それが正しかったら)太陽光の強い夏にはコロナ禍は終わるだろう。だとすれば新型コロナを世界中で警戒しているのはなぜだ」など、さまざまな疑問が浮かびます。こういった疑問が浮かんだ時点で、最低限その情報を広めることをやめる、という行動をとることが必要です。

私が伝えたい**『疑う力』は、言い換えると「自問自答する力」**です。つまり、疑うのは他人ではなく、自分です。ですから、たんに相手を批判することではありませんし、情報の発言者へ向けられるものでもありません。本当にその情報が正しいのか、それを受け入れていいか、ということをつねに考えて、フィルタリングすることなのです。不安定な時代や、自分が不安定な状態にあるときには、意識的に情報を疑っていかなければなりません。「それが正しかったら、何が起きるか?」を考えながら、自分のなかに情報を取り入れてください。

2

思考の前提として「公的なもの」だって「疑わしい」！

あきらかな噂（うわさ）やデマであれば冷静に判断できても、「公的なもの」となると途端に疑えなくなってしまう人もいます。政府、新聞、テレビからの発表を無条件に正しいと信じてしまうのです。情報のソースが限られていた世代ほど、その傾向が強いようです。いっぽう、情報の洪水のなかに生まれた子どもたちは、「新聞やテレビの情報は特別なもの」という意識がそもそもないので、その傾向は低いようにも感じています。

私も両親の公的なものを信じる態度に、困ったことがありました。

私は大学入学と同時に福島から上京し、現在故郷には両親だけが暮らしています。大変だったのは、２０１１年の原発事故のときです。テレビで原発の惨状を見て、「これはまずい」と思った私は、とにかく東京まで逃げてくるように両親に連絡をしました。しかしその返事は「だって政府は大丈夫だって言ってっぞ。だがら、爆発してでも大丈夫だべ」。このように、公的な機関の発言を信じる人を動かすのは、かなりやっかいです。相手は「公的なものに従って正しく判断している」と思っているからです。実際、両親のまわりでも避難した人はほとんどいませんでした。

　論理的に説明しても相手を動かせないと悟り、私は感情に訴えることにしました（これも「二元論スペシャル（138ページ）」です）。再度電話をしたときに、両親の感情に訴えるためにわざと泣きながら話をしました。両親は「そこまでタケシが言うんなら……」と言い、しぶしぶ私が用意したタクシーに乗り、新幹線が動いている那須塩原駅まで出て、なんとか東京に来てくれました。

　テレビで「爆発」の映像が流れていても危険だと信じてもらえなかったときには、本当に頭を抱えてしまいました。最終的にはあの映像の爆発は水蒸気爆発だとわかったのですが、そのときには原子炉自体が爆発していると考えてもおかしくなかったわけです。もちろん「あれは水蒸気爆発だから平気だ」と判断し、避難しないと結論づけるのであればまた話は違うのですが（とはいえ原子炉の爆発はいつ起きてもおかしくなかったので、避難するのが理性的な判断ではありました）、「政府は大丈夫だと言っているから」では、理由になりません。『疑う力』を持っていないと、このように自分の命を危険にさらしてしまうことすらあるのです。思考の前提としての**『疑う力』がなければ、「正しい思考もできない」**ということをお伝えしたいと思います。

∴「そうなんだろう症候群」から抜け出せ

日本人というのはよく言えば素直で、「お上」からの言葉に納得してしまう性質があるようです。「そうなんだろう症候群」です。それなりの立場の人が言うと「きっとそうなんだろう」と思ってしまうのです。

また、公的な規則やルールに対し、疑うことなく従っていることも多くあります。しかしその仕組みや「常識」自体がまちがっていることもあるのです。

私が法律を勉強していた頃、それまで存在していた刑法の条文が正式に削除されたことがありました。刑法200条「尊属殺人罪」という規定です。これは親や祖父母など、自分よりも年上の同親系縁者（配偶者の同親系縁者を含む）を殺した場合、「死刑又は無期懲役に処する」というものです。当時、その他の殺人が「死刑か無期懲役、もしくは三年以上の懲役」であったことを考えると、義理の関係も含めた両親や祖父母を殺すことに対する処罰が非常に重かったことがわかります。

しかしこの法律が正しいとしたら、そこにはどのような前提があるのでしょうか？『疑う力』を使って考えてみましょう。ここではシンプルに、同親系縁者ではなく、親として問題を提起します。

> **問題** 親を殺すことに対する処罰が、他の殺人よりも重いという前提にはどのような人びとの意識があるか？

疑うためには、「それが正しかったら？」を考えることが重要です。この法律が正しいという当時の前提は、どのようなものだったのでしょうか。答えはいくつか考えられます。

・子どもにひどいことをする親はいない。
・どんな親に対しても、子どもは耐えるべきだ。
・どんなひどい親であっても、子どもは親を殺してはならない。

こういった人びとのなかにあった前提が、この法律を支えていました。しかし、残念ながらひどい親はいます。この法律が削除されるきっかけとなったのは、一人の女性の事件でした。それは父親に長年にわたり性的暴行を加えられ、数回にわたる出産をよぎなくされた女性が、成人後、耐えきれずに父親を殺害した事件です。この事件が起こるまで、年長者を敬うのが当然という社会のなかで、この法律は当たり前に運用されていたわけです。

しかし、自分より年長の家族への殺人罪が、他の殺人罪よりも重いということは、「すべて国民は、法の下に平等であって、人種、信条、性別、社会的身分又は門地により、政治的、経済的又は社会的関係において、差別されない」

という、憲法14条の「法の下の平等」に反します。年長の家族の殺人をあまりに厳しく取扱っていることになるからです。この主張が最高裁判所で認められたのは1973年、さらに「尊属殺人罪」それ自体が国会によって正式に削除されたのは、1995年のことでした。

このように、法律のなかにもまちがったものは存在していますし、時とともに法律が古びることもあります。法律というと、つい正しいものと思ってしまいがちですが、そうではありません。私たちはつねに「それが正しかったら？」と頭のなかで考える練習をしておく必要があります。

「誰が」「どこで」発信したかではなく、**情報の真偽を自分で判断する姿勢が大切**なのです。「それが正しかったら？」と考えてみましょう。

3 思考の前提として選択式問題に驚きの効果『疑う力』

『疑う力』は、選択式問題にも驚くべき威力を発揮します。どれを選んでいいか迷ったときに、「それが正しかったらどうなるか、どんなことが起きるか？」と考えるのです。

選択肢にツッコミを入れましょう。そうすることで、正解が見えてきます。

それでは、一緒に解いてみましょう。

例題

しかし、立場や権威が邪魔をするのだろうか、それとも責任を問われるのが怖いのだろうか、なかなかそのような「専門家」にはお目にかからない。「もんじゅ」の事故しかり、エイズ問題しかり。「その段階ではわからなかった」

にしても（確かにそうだったのかは調べなければならないが）、ある種の判断をしたのは事実だから、真実がわかった段階で素早く誤りを認めるのが真実に忠実な科学者なのである。さらに、「答申はしたが、実行は行政の責任だ」という逃げ口上で責任を回避するのは、ほとんど人間として失格だと思う。答申がなければ政府は実行できないのだから、そのような答申をした道義責任からは決して逃れることができないのだ。

（池内了『科学は今どうなっているの』より）

問題「『答申はしたが、実行は行政の責任だ』という逃げ口上で責任を回避するのは、ほとんど人間として失格だと思う」とあるが、どのような点で「失格」なのか、その説明として最も適当なものを次の**ア**～**エ**のうちから選び、記号で答えなさい。

ア 科学者なら備えているはずの人間としての判断力が十分に身についていない点。

イ 科学者である以前に誰にでも必要とされる基本的な人間性に欠けてい

る点。

ウ 科学者に期待されているその道の専門家としての能力が不足している点。

エ 科学者として担わなければならない責任の重大さをほとんど自覚していない点。

（成城中学校　国語　平成14年・改変）

「選択肢の内容が正しかったらどうなるか？」と考えていきます。生徒たちの多くは**ア**を選ぶので、なぜ**ア**が×かをまず説明します。

アの「なら」に着目してください。「なら」は『新明解国語辞典』で「それと排他的に結びつく何かを表す」（傍点は筆者）と説明されています。ですから、「もし**ア**が正しかったら」科学者以外は人間としての判断力を備えていない!?ということになりかねません。読者のあなたも執筆者の私も、人間としての判断力がないなどという非常識な帰結は、当然×です。

ウ、**エ**は、傍線部が「人間として」失格と述べているのに対して、「科学者」

としてのありようを問題としています。この点に着目して、「もしそれが正しかったら、科学者以外はそうではないのか」と考えることができます。

これは物語文でもやはりきわめて有効です。実は、難関校で出題される**「指導者泣かせ」**の選択式問題のほとんどは、このノウハウで「ケリ」がつくのです。「その選択肢が正しかったら」、物語の本文はどのようになるかを想像してみてください。

例題

「全部、食べていいよ」
裕香は小さな声で言うと、楽譜を開かないまま、譜面台に置き、両手の指を組み合わせて、背筋をのばし、正面を見すえた。
ぼくは紅茶カップを口に運ぶ途中(とちゅう)で手をとめた。少しでも動けば、部屋を支配する微妙(びみょう)なバランスがくずれてしまう気がした。

ゆっくりと、深呼吸をして、裕香は鍵盤に両手の指を置き、いきなりものすごいスピードでピアノを弾き始めた。

（川西蘭「紙の鍵盤」〈『夏の少年』より〉）

問題 傍線部「ぼくは紅茶カップを口に運ぶ途中で手をとめた」とありますが、それはなぜですか。次の中から最も適当なものを選び、記号で答えなさい。

ア 裕香が集中できずにピアノを弾けなくなってしまうと、彼女に嫌われてしまうのではないかと心配だったから。

イ せっかく裕香がぼくのためにピアノを弾いてくれるのだから、集中して一生けん命聴こうと思ったから。

ウ 裕香がピアノに集中できずに弾くのをやめてしまい、気まずい雰囲気にもどってしまうのをおそれたから。

エ まさにピアノを弾き始めようとする裕香の緊張感に圧倒され、身動きができなくなってしまったから。

オ 食べたり飲んだりすることは、クラシック音楽を聴くときのエチケットに反すると思ったから。

（駒場東邦中学校　国語　平成10年・改変）

ア、**イ**、**ウ**が正しいとしたら、「ぼく」はカップをどうすると思いますか？きっと、下に置くはずです。「裕香」の「集中」を邪魔しないために、「一生けん命聴」くために、カップを手から離すのがふつうです。**オ**が正しいとしたら、「ぼく」はそもそもカップを手に持たないはずです。ところが実際には、「ぼく」はカップを手にしたまま、動けなくなっています。よって正解は**エ**となります。

この問題は**イ**を選ぶ人が多いのです。「ピアノの演奏を聴く」という状況に引っ張られてしまうからです。でも、もし集中して一生懸命聴こうと思って、カップを口に運ぶ途中で手を止めてしまったら、ずっと持っていなければなりません。きっと手が震えて集中できないですよね（笑）。

このように**『疑う力』を使い「それが正しかったらどうなるか？」と選択肢にツッコミを入れることで、微妙な選択肢を潰していく**ことができるのです。

4

思考の前提として嘘つきはやっぱりベン図を広げる

情報の真偽を判断する際に、便利な道具があります。それが「ベン図」です。ベン図とは概念の範囲や関係性を図で表したものです。大切な概念なので、ていねいにご説明していきます。

たとえばひし形と長方形のベン図を描くとしましょう。重なっている部分があります。ここに入るのは「ひし形でもあり長方形でもある図形」、つまり正方形

◀ひし形と長方形のベン図

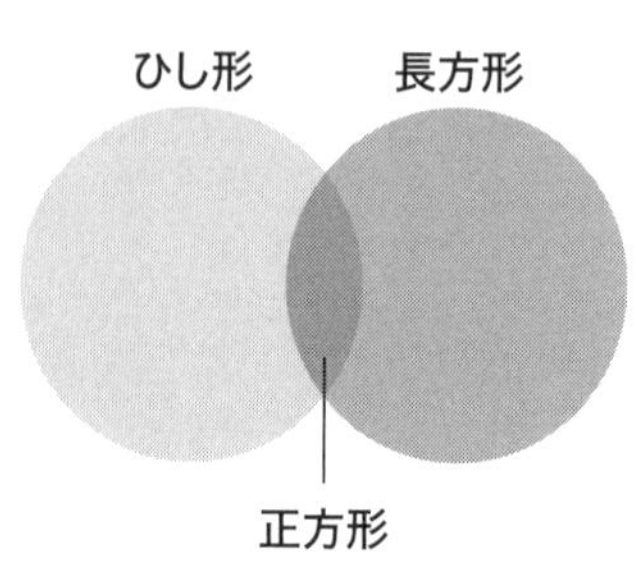

です。４辺が等しい図形がひし形で、４つの角の角度が90度であるのが長方形ですから、この２つの概念を合わせると正方形になります。

　では、長方形と正方形のベン図はどのようになるでしょうか？　ちょっと頭に思い浮かべてみてください。そうです。今度は長方形のなかに、正方形のベン図が含まれることになります。長方形のなかで４つの辺の長さが同じものだけを、正方形とよぶことができるからです。情報の真偽を判断する際には主にこのような、「ベン図の広さ・狭さ」を考えます。

◀長方形と正方形のベン図

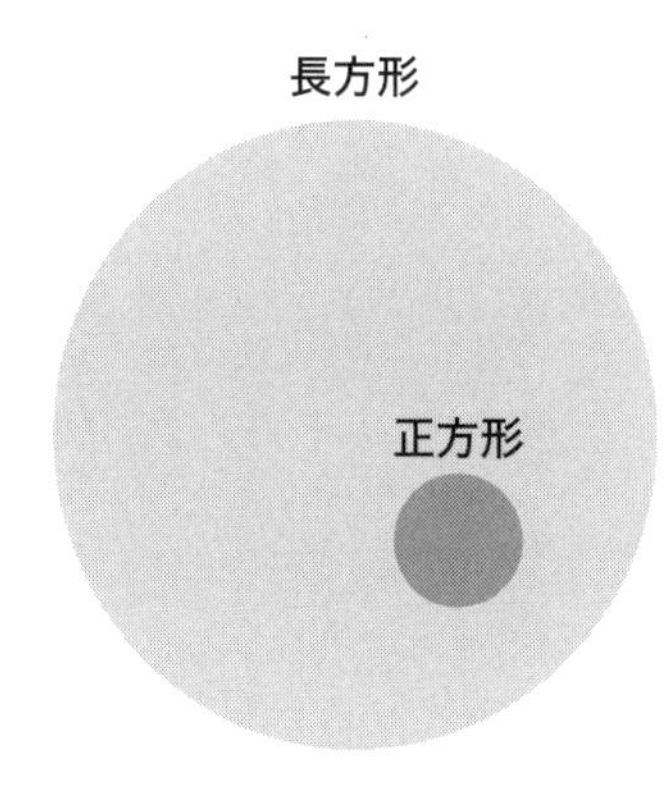

∵ベン図が広すぎる人は、嘘（うそ）つきの可能性大

人からの情報を聞くときに、私は頭のなかにベン図を描いています。そしてその人の発言のベン図が広すぎる場合には、疑うようにしています。

差別的な考えを持っている人は、たいていベン図を大きく広げた言い方をします。「女は・男は」「○○人は」「若者は・年寄りは」などの言い方のベン図は限りなく広い。たとえば女性上司が気に入らないからといって、「女はヒステリーで困る」などという場合です。該当する女性上司は一人なのに、女性という広いベン図で話をしていることがわかります。もちろん「男は」という言い方も同じです。

◀女性上司と女性のベン図

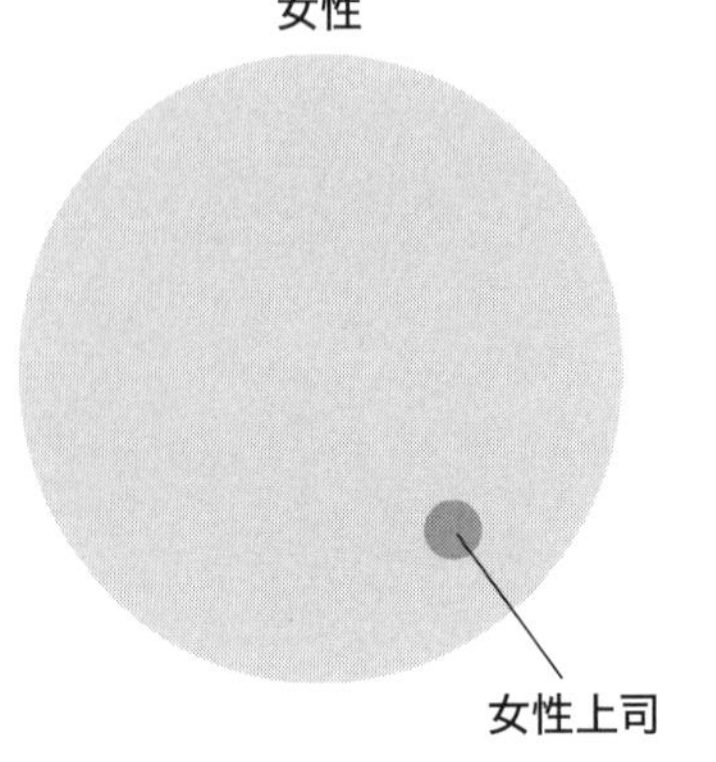

「全国一律」「一斉」「横並び」などの言葉も、相当に広いベン図を示します。これら「みんなで一緒に」という相手に対しても、やはり疑いの目を持ったほうがいいでしょう。物事には多様性があります。地域の実情や、対象となる人の実情に合わせて物事を判断するのが望ましいのに、簡単に**「みんな一緒」とくくって話す人がいたら、その内容の真実性や実現可能性は低い**と考えたほうがいいでしょう。

∵ベン図を広げた言い方に注意

私たちも、ともするとベン図を広げた言い方をしてしまうことがあります。冷静さを失っているときはとくにそうです。

たとえばドラマなどで、先生がある生徒を「万引き犯」として疑う場面があるとします。その子の親は先生に向かって、「先生は生徒を信用していないんですね！」と怒鳴る。しかし、これはおかしな言い方です。ベン図で考えれば、先生が信用していないのは「その子一人」ですから、他の「生徒一般」は関係ありません。「先生はうちの子を信用していないんですね！」が、正しい言い方です。

しかし世のなかには、あえてこのようにベン図を広げた言い方をする人がいます。先ほどの例のように、ベン図を広げて話すことで「あの先生は生徒を信用しない人だ」というレッテルを張ることができるからです。私たちは、言葉を発するときにも受け取るときにも、**「ベン図が広すぎないか」という意識を持つ必要がある**のです。

よく当たると言われる占い師のベン図も、相当に広いものです。「強がっていても、本当は弱いところがありますね」などは、誰にでも当てはまりそうです。少なくとも占いに来ている人というのは、何かに悩んでいるはずですから、「弱いところ」はありそうですよね。ベン図の広い言い回しを使って、相手が「自分のことだ」と思える言い方をしているのです。

5

思考の前提として法律はベン図が広い

ベン図を広げることがすべて悪いというわけではありません。

たとえば法律というものは、基本的にベン図の広いものです。法律は「一般的・抽象的法規範」と定義されています。つまり、適用の対象となる人や組織が不特定（一般的）で、適用される場合も不特定（抽象的）な決まりが法律である、ということになります。これは法律からこぼれ落ちる事柄や対象者を防ぐためです。範囲の狭い法律では、広く国民の人権や権利をカバーすることはできません。

そのため、具体的な訴訟事件があれば、法律を当てはめる作業が必要になります。それを行うのが裁判所です。法律は抽象的に広くつくっておき、具体的な訴訟事件においては、裁判で事件を法律に当てはめるということになります。

この「抽象➡具体」のレベルの違いの身近な例として、校則を考えてみましょう。

校則の目的の一つは、学校の秩序を保つことですが、学校によって校則には大きな違いがあります。たとえば頭髪や服装について「学生らしい頭髪、服装を心がける」という校則もあれば、「女子の頭髪は肩につかない長さとし、肩につく場合はゴムで一つにまとめる。ゴムの色は黒か紺とする。スカートの丈はひざ下15㎝とする」などと決まっている学校もあります。前者の校則であれば、ひどく逸脱をしなければだいたいのことは許されますから、学生の自由度は高くなります。後者の場合は具体的でわかりやすくはあるものの、自由度はかなり低いことになります。

国家の法律は、前者の考え方を採用していると言えそうです。つまり、法律の対象となる人たちに予測可能性を持たせつつ、そのなかでの行動の自由を確保しているのです。法律の持つあいまいさのおかげで、自由度が高まっていると考えることもできるわけです。

ただ、マイナスの面がないわけではありません。たとえば最近でいえば「香港国家安全維持法」がそうです。ご説明してきたように法律というもの自体、ベン図がそもそも広いということもあり、「どこまで適用されるのかわからない」という不安が香港人のみならず、進出している日本を含めた外国企業にも及んでいます。

法律が当てはまるかどうかを判断する主体を信用できなければ、恣意的（＝勝手気ままで、みんなが納得できる理由がない様子）に運用される危険性が高くなるからです。

私たちは法の下で生活をしていますから、思考をする際に法律がかかわってくることがあるかもしれません。また、日本でも恣意的な運用の危険がないわけではありません。ですから法律にはこのような基本的考え方がある、ということを頭に入れておくといいでしょう。

6

思考の前提として「抽象的な正しさ」にだまされるな!

「スピード感を持って、全力で対処していきます」
「みなさんの安全を守るために、一丸となって取り組みます」
「さまざまなご意見を受け、ご期待に応えられるよう努力してまいります」

このような発言を聞くことは多いと思います。地位の高い人や有名人の発言であればなおさら、立派なことを言っているような気がしてくるものです。しかし、このような発言に、さほど中身はありません。ただたんに「一生懸命がんばります」と言っているだけです。小さな子どもが言うのであれば微笑ましいのですが、リーダー的な立場の人びとがこのような発言をしているのを聞くと、怒りを通り越して悲しくなります。

しかし、このような抽象的な発言は、なぜ正しいことを言っているかのように聞こえるのでしょうか。それは聞いている私たちが批判する「とっかかり」がないからです。**具体的ではないために、批判ができない**のです。「全力で対処する」ことも「一丸となって取り組む」ことも「努力する」ことも、それ自体異論を挟む余地のないほど正しいことだからです。批判を避けるために、このような発言を意図的にしている人もいますから、注意が必要です。

∵「具体的には?」と問いかける

このような発言に対し、私たちは注意深くならなければなりません。

ポイントは一つ。相手に**具体的な説明**を求めることです。**「何を、いつまでに、どのように」**達成する予定なのかを確かめます。

直接質問できないのであれば、その発言のうしろに具体策があるかを調べます。たとえば選挙で抽象的な発言をしている候補者。発言の裏に、具体策を用意しているかどうかを確認するのです。具体的な策がそろったうえでの「一生懸命がんばる」なら問題はありませんが、そうでなければ、最終的に何も達成されない可能性が非常に高いからです。政治は「がんばったからＯＫ」というわけにはいきません。

抽象的な「がんばります」発言に惑わされず、そこに具体策があるかをしっかり見極めていくことが、私たちに求められているのです。

じつはこれ、政治や経済の話ばかりではありません。

たとえばお子さんの受験勉強。みなさんは、ただ抽象的に「一生懸命がんばろう」としていませんか。意気込みは素晴らしくてもなかなか成功はできません。そこには具体策が必要なのです。

次のページの表は、麻布（あざぶ）中学校合格者の入試直前の計画表の実物です。どの教材も「何度もくり返して」いるので、一日あたりのページ数がとても多くなっています。**勉強の基本は「理解して記憶し、実行できるようにする」こと**です。それを「具体的に」実行する状況をイメージしてご覧ください。

●麻布中学校に合格した受験生の計画表

[illegible]先生　自宅での知識チェックの計画を以下のように設定しました。
遅れないようにやらせます。

No
Date

知識の入れ直しスケジュール

		漢字3500（ページ数）	社会メモリーチェック（ページ数）	理科 [illegible]
12月9日	土	~~8 9~~	47	
10日	日	~~10 11 12~~	48	
11日	月	13 14 15, 78 79	49 50	[illegible] 60 61 62
12日	火	16 17 18, 80 81	51 52	63 64 65
13	水	19 20 21, 82 83	53 54	66 67 68
14	木			
15	金			
16	土	22 23 24, 84 85	55 56	物質の変化 69 70 71
17	日	25 26 27, 86 87	57 58	72 73 92
18	月	28 29 30, 88 89	59 60	熱 93 94 95
19	火	31 32 33, 90 91	61 62	音 熱 96 97 98
20	水	34 35 36, 92 93	63 64	99 100 101
21	木	37 38 39, 94 95	65 66	植物 3 4 5
22	金	40 41 42, 96 97	67 68	6 7 8
23	土	43 44 45, 98 99	69 70	9 10 11
24	日	46 47 48, 100 101	71 72	12 13 14
25	月	49 50 51, 102 103	73 74	15 16 17
26	火	52 53 54, 104 105	75 76	動物 18 34 35
27	水	55 56 57, 106 107	77 78	36 37 38
28	木	58 59 60, 108 109	79 80	39 40 41
29	金	61 62 63, 110 111	1 2 3	42 43 44
30	土	64 65 66, 112 113	4 5 6	人体 58 59 60
31	日	67 68 69, 114 115	7 8 9	61 62 63
1月1日	月	70 71 72, 130 131	10 11 12	64 65 66
2日	火	73 74 75, 132 133	13 14 15	67 68 69
	水	76 77 116	16 17 18	天体 70 86 87
	木	117 118 119	19 20 21	88 89 90
	金	120 121 121	22 23 24	91 92 93
	土	122 123 124	25 26 27	94
7	日	125 126 [illegible]	28 29 30	

①「何を？」
②「いつまでに？」
③「どのように？」

①「何を？」（何の教材を使うのか？）
②「いつまでに？」（何月何日に行うのか？）
③「どのように？」（何ページやるのか？　何の単元をやるのか？）

7

思考の前提として「怪しい言葉」は嘘の目印

「絶対に安全です」

「必ず実現させます」

「その点については、まったく問題ありません」


このような力強い発言を、頼もしく感じてしまう方もいるかもしれません。

しかし、これらの発言にはある問題が隠されています。何かわかりますか？

このなかにある「絶対に」「必ず」「まったく〜ない」はすべて、「例外を認めない言い方」です。私はこれらを総称して**「怪しい言葉」**と名付けています。

世のなかに「絶対」ということは、なかなかありません。それを「絶対と言い切ってしまうところ」、つまり**例外を認めない部分に、私は危うさを感じる**

のです。たとえば機械の安全性を語るとき、「絶対」と言ってしまう。安全性に「絶対」はありえません。「絶対安全」と宣伝されてきたものがそうではなかった、という例は過去にいくらでもあります。

先日もある番組で「この○○は、絶対に、完全に、安全です！」と言っている場面を見て、「これは安全じゃないな」と思いました。こういう発言が出た瞬間に、「この企業は安全性を真剣に追求していない」とわかってしまいます。なぜなら、安全を追求すればするほど、そう言い切ることができなくなるものだからです。

このような例外を認めない言い方をしている人や企業や団体に対しては、用心するに越したことはありません。とくに公的な発言における「怪しい言葉」は、何かを隠そうとしたり、うしろめたい部分があったりする場合に使われることが多いため、注意が必要です。

また、さまざまな勧誘においても「絶対に損はさせません」「必ず幸せになれます」「絶対に上昇します」などの言葉がよく使われます。こうした「怪しい言葉」が出た時点で疑いの目を向けることができれば、問題に巻き込まれる

怪しい言葉の例

例外を認めない言い方
△をつける

1. 絶対に
2. すべて
3. 必ず
4. まったく〜ない
5. 少しも〜ない
6. 完全に
7. テレビのほうが現実そのもの→「まったく同じ」
8. 〜ばかり
9. 十分に
10. 何も〜ない
11. 〜こそ
12. 永遠だ（断定）
13. どんなに〜でも
14. すっかり
15. どんなものにも
16. つねに
17. 誰よりも
18. 何事にも
19. 金輪際〜ない
20. 絶えず

リスクを減らすことができるはずです。

ちなみに「怪しい言葉」が示すベン図は、「広すぎる」のが一般です。58ページの表を見ていただくと、**「すべて」「必ず」「完全に」「どんなものにも」「つねに」**などの言葉が並んでいます。46ページでご説明したように、広すぎるベン図は嘘(うそ)の可能性が高いことからも、その話を疑ってみることが必要です。

∵ 入試の選択式問題にも使える「怪しい言葉」

この「怪しい言葉」は、試験の選択式問題にも使うことができます。「怪しい言葉」が入っている時点で、「この選択肢は正しくなさそうだ」と考えることができるからです。生徒には選択肢に三角マークをつけて、用心するように伝えています。それでは、実際に見ていきましょう。

問題 「あんた、ってホント、バカね」とあるが、こう言ったときの水沢の気持ちはどのようなものか。次の中から適当なものを一つ選び、記号で答えなさい。

ア　あとあと誰も傷つかないようにここで友達関係を断とうとしているのに、そんな自分の気づかいをまったく理解しようとしないジュンペイに怒り（いか）を感じている。

イ　遠く離れても絶対に忘れないなど無理なことなのだと、筋道立てて説いてきたのに、まるでわかろうとしてくれないジュンペイを心底バカな子だと思っている。

ウ　ずっと友達でいるなど無理だと言っているのに、まだ自分と友達でいようとしてくれるジュンペイの気持ちはうれしいが、それでも無理なことだとあきらめている。

エ　自分のつらく悲しい思いを打ち明けてきたのに、その気持ちをまったく理解しようとせず、自分の勝手な思いだけをぶつけてくるジュンペイにあきれている。

（海城中学校　国語　平成25年・改変）

アの「誰も〜ない」「まったく〜ない」、**イ**の「まるで〜ない」、**エ**の「まったく〜せず」「だけ」はすべて「怪しい言葉」ですので、用心します。**イ**にある「絶対に〜ない」と**ウ**にある「ずっと」は、「無理」という言葉で打ち消されているので、怪しい言葉にはカウントされません。正解を導くためには「本文との見比べ」が不可欠ではありますが、この問題は、怪しい言葉がなかった**ウ**が正解でした。コツをつかむため、もう1問見ていきましょう。

問題 傍線部「完全な夢物語とも言えないような時代である」を言いかえるとすると、もっともふさわしいものはどれか。次の**1**〜**5**から一つ選び、番号で答えなさい。

1 決してすぐには実現しそうにないような時代である。
2 もしかすると実現するかもしれないような時代である。
3 将来、必ず実現することが約束されているような時代である。
4 あくまで夢の中でしか実現しないような時代である。

5 決して実現することはありえないような時代である。

（慶應義塾中等部　国語　平成12年・改変）

傍線部は「完全な」夢物語とも言え「ない」と、「怪しい言葉」を打ち消しています。よってこの問題の正解は、「怪しい言葉」を含まない2になります。もちろん「怪しい言葉」が含まれている選択肢が「絶対にまちがい」というわけではありません。しかし、似たような選択肢が並んだときに、正解を見つける手がかりになります。「怪しい言葉」を含む選択肢に三角マークをつけて正解候補の選択肢を絞り込むことができれば、答えを見つけやすくなるのです。

怪しい言葉に反応できるようになるために、まずはこれらの言葉を理解して記憶することです。私のところに通う生徒たちはこの言葉を理解して記憶しています。ですから先生の発言にも敏感になるようで、先日もある生徒が「今日、校長先生が『みんなが努力すれば、いじめは絶対になくなります』って言ってたけど、『絶対に』は三角だよね」と話していました（笑）。

入試問題でもふだんの生活でも「怪しい言葉」を見つけたら、用心しながら判断していきましょう。とくに、公的な発言や説明的な文脈、相手が自分を説得するような場面で、そういった言葉を見つけたら疑ってかかるのが正解です。

この章の最後に、伊坂幸太郎（いさかこうたろう）の『ホワイトラビット』から、詐欺師（さぎし）2人の会話を引用して締めくくりましょう。中村という詐欺師が、黒澤（くろさわ）という詐欺師に、ある家の金庫から物を盗むように話をしている場面です。中村が話し始めます。

「（略）それにそういうやつの金庫なら、ほかにも金目の物が絶対に入っている」

「絶対に、という言葉を、絶対に言うな」

「だから、おまえにその家に入って、金庫を開けて欲しいわけだ」中村は言った後ですぐに右手を、ストップ標識がわりに前に出した。「黒澤、言いたいことは分かる。どうして俺がやらないといけないんだ、だろ？」

「どうして俺がやらないといけないんだ」

「理由は二つある。一つ、俺は金庫を開けるのが苦手だ。細かい作業が苦手だからな」

「おまえは仕事を変えたほうがいい。そのほうがいい。絶対に、だ」

（『ホワイトラビット』新潮社）

第2章

〈思考の道具〉「どのような問題」で「どのような考え方」をすべきか

1 「考え方がわからない」はこれで解決

第2章ではいよいよ、「思考の道具」の使い方を、一つひとつご説明していきます。「どのような問題」で「どのような考え方」をすべきか、つまり「どんな思考の道具を使うべきか」を考えていきます。

たとえば、経済の問題であれば「**お金スペシャル**」、地域の問題であれば「**雨温図**」といったように、問題の種類によって最初に手にする道具が異なります。まずは問題をよく読み、それに対してどのような「思考の道具」が使えるかを考えていきましょう。

この章でご紹介する「思考の道具」は、次の8つです。

1　理由の問題　→　必要性・許容性

2　未知の事柄→似た事柄
3　より妥当な解決→多様性・特殊性
4　仕事、経済、経営→お金スペシャル
5　地域の問題→雨温図
6　図表、グラフ→極端なもの
7　二元論スペシャル①（理性と感情）
8　二元論スペシャル②（自己主張の文化と、妥協と協調の文化）

この「思考の道具」は、どれか一つで間に合うこともあれば、複数同時に使ったほうがいいこともあります。とくに**7**と**8**の「**二元論スペシャル**」は、考え方のベースになることも多いため、他のものと同時に使用することもあるはずです。金槌（かなづち）だけでつくれるものもあるが、鉋（かんな）や鋸（のこぎり）が同時に必要な場合もある、ある人は金槌を使い、ある人は鋸を使うということもある、というのと同じです。「思考の道具」の使い方に固定された決まりはありません。原則をふまえたうえで自分が思考しやすい道具を手にとってみてください。

2

理由を問われたら入試問題で考える「必要性」「許容性」

ここでは「理由を問われたらどのような考え方をすべきか」について考えていきます。意識している人はあまり多くないのですが、私たちは頻繁(ひんぱん)に「理由」を聞かれています。日常会話でも「なんで?」「どうして?」と聞かれることはよくありますし、入試問題においては「理由を問う問題」は頻出です。現代文の約半数の問題は、理由を問うものと言えそうです。

また、国語だけでなく社会でも「理由を問い」説明させる設問が多くなっています。たとえば東大の日本史では、理由およびそれと類似する目的や背景に関する問題が、毎年のように出題されています。「思考力入試」に舵(かじ)が切られた今、大学入試の影響を受け、中学入試、高校入試もどんどん変化しています。今後、理由を問われる問題は、さらに多くなることが予想されます。

そして私たちはふだん頭のなかで、能動的に理由を問うという作業もしています。たとえば新聞を読み、社会問題について考えるときもそうです。それが是か否か自分なりの答えを出すためには、その理由を明確にし、その妥当性を判断しなければならないからです。

このように、私たちはあらゆる場面で理由を問われ、また理由を問うています。そのときに使える「思考の道具」は、次の2つです。

① **必要性**

② **許容性**

まず「必要性」というのは、**「それをする必要があるか」「それをすることによって、プラスがもたらされるか」**ということです。必要性がなければ、それをする理由はありません。ですからまずは、プラスの面を探します。そしてこの必要性が満たされて初めて、次の「許容性」を考えることになります。

「許容性」は、**「それをすることが許されるか」「それをすることができるか」**ということです。

この2つの言葉をセットでネット検索をすると、この考え方の使用法を説明する法律関係のサイトが多数上がってきます。いわば社会的な実証実験が済んでいる考え方ですので、安心してお使いください。

ここでもう一度、「はじめに」の問題を振り返ってみましょう。

問題 室町時代には、農民の暮らしの中からも、さまざまな文化の伝統が生み出されました。その代表例をあげながら、それらがどうして当時の農民の暮らしの中から生み出されたのか、書きなさい。

（麻布(あざぶ)中学校　社会　平成13年・改変／東京大学　平成11年　類題）

まず、設問を確認します。「どうして」と聞かれていますから、これは「理由を問う」問題です。まず、『必要性』について考えていきます。何に関して答えるかといえば、「文化の伝統が生み出され」た「必要性」です。それを「代表例をあげながら」答えていきます。

そして、「必要性」が満たされていることを示した後は、「なぜそれをする『余裕』があったのか」を示すことができれば完璧です。答えは次のようになります（「はじめに」よりもくわしく記述しています）。

解答例

代表例：祭り

理由：当時、畑作や米づくりは天候によって強く左右されており、また、効果的な薬がないなど、人びとは生きるために祭りを通して神に祈ることを必要としていたから。→「**必要性**」

そして、室町時代には二毛作や牛馬耕が東日本まで広がり、生産が増え、物の寄合で相談して祭りをする余裕ができたから。→「**許容性**」

理由を問われた問題では、このようにその「必要性」は何か、「許容性」はあったのかを考えて、それを示すことができればＯＫです。ここでは「祭り」

を「代表例」としましたが、これを他の知識に変えても「必要性」と「許容性」を念頭に置いておけば、ポイントを外すことなく解答することができます。

ちなみに、室町時代には惣における「寄合」で、祭りの相談を行いました。鎌倉時代に始まった二毛作や牛馬耕が東日本まで広まったのも、室町時代です。

次も東大の入試問題で問われたテーマについての問題です。

設問が変わっても、理由を問う問題であれば、同じ「必要性」「許容性」という「思考の道具」を使って答えることができます。

問題 松前藩は、江戸時代にアイヌとの交易権を幕府に認められていた。それはなぜか。

（東京大学　日本史　平成16年　類題）

江戸時代、交易や情報収集の窓口として、長崎出島、対馬、薩摩、松前の4

つの窓口がありました。これを日本史では「四つの口体制」とよんでいますが、これに関する問題です。「なぜか」と聞かれているので、理由が問われていることがわかります。鎖国（さこく）下で蝦夷（えぞ）地の松前藩に特別に交易が認められるにいたった「必要性」は何か。そして、幕府はなぜそれを許すことができたのかという「許容性」を考えて解答します。

解答例

寒冷で耕作地に恵まれない松前藩から年貢米に代わるものを得るために、アイヌとの交易権を認める必要性があったから。↓**「必要性」**
また、藩の力が弱く江戸から遠方にある松前藩が、江戸に攻め上がる危険性は低かったから。↓**「許容性」**

農作には厳しい地域ですから、他の藩のように米で年貢を納めることが難しかった松前藩への特別処置というわけです。松前藩はアイヌとの交易を通じて、サケ・ニシンなどの魚類や熊（くま）・ラッコの毛皮だけでなく、中国からの貿易品も得ていました。幕府はこれらを不平等な基準で米と交換し、利益を得ていたのです。

また、松前藩は北海道の小さな藩ですから、交易を認めても大丈夫という安心感もあったはずです。伊達政宗の力をもってしても、東北から攻め上がることはできませんでした。松前藩は海を隔てた北海道にありました。当時の感覚で言えば「地の果て」ですから、江戸へ攻め上がってこられる心配はありませんでした。だから許容できたのです。

万が一攻め上がったとしても、進路には譜代の藩が数々ありましたから、そこで止められたでしょう。私が福島県出身だからというわけではないのですが、江戸に到達する前にまずまちがいなく会津藩が食い止めたはずです。

3

身近な問題で考える「必要性」「許容性」

東大入試でも出されたテーマが続きちょっと疲れたところで、少し身近な問題を「必要性」「許容性」を使って考えていきましょう。入試問題では、「必要性」がある前提で問いが立てられていますが、**現実の問題では「必要性があるのか・ないのか」から考える**ことになります。必要性がなければ、問いはそれで終わり。「許容性」まで考える必要はありません。

車は必要か？　車を所有できるか？

ここでは思考の練習として、「車を持つかどうか」を「必要性」「許容性」を使って考えていきましょう。

近年、車を所有する人が少なくなっています。東京に住んでいる私も、車は持っていません。なぜなら、車がなくても困らないからです。電車でたいていのところに便利に移動できますし、車が必要なときにはタクシーやレンタカーがあります。**「必要性がない」から、「車はいらない」**という結論です。

いっぽう、私の両親が住む地域では、車がないとスーパーにも病院にも行けません。バスの本数も少なく、毎日の生活には車が欠かせません。ですからこの地域の住民にとっては**「必要性がある」ため、「車は必要」**という結論になります。「必要性がある」ことがわかったので、次にそれをする余裕があるかという「許容性」を考えます。家計に車を所有する余裕があれば、この問題はこれで解決です。もし家計に余裕がなければ、ローンを組むなどの次善策が必要となります。

私の場合は資金ではなく、別の許容性で悩んでいます。高齢の両親に運転をさせたくないという「高齢者の運転を許容できない」という問題です。このように「必要性」があって「許容性」がない場合、何らかの策を考えなければなりません。頭の痛いところです。

∴必要性の「程度」を比べる——学校と塾、どちらを優先するか

同じ道具を使って、もう少し思考の練習をしていきましょう。次は、読者の方が悩んだ、あるいは今後悩むであろう「学校と塾、どちらを優先するか」について考えてみましょう。たとえば「塾の授業を受けるために学校の移動教室を休むのは妥当か」です。この場合、前の例とは違い、塾の授業と学校の移動教室の必要性の、**「程度を比較」**することが求められます。

塾の授業はカリキュラムが決まっているので、すべての授業に出る必要があると、一応は言えそうです。他方、学校の移動教室の「必要性」はどうでしょうか。世田谷区教育委員会のＨＰの記述をお借りすると、「(移動教室は) 主体的・体験的な活動を通じて豊かな人間性を養うこと、集団生活を通じて児童相互の理解と友情を深め、正しい生活習慣を養うことを目的として実施しています」とあります。この目的は納得できるものですし、この目的実現のために年に一度の移動教室の「必要性」は大、と言えそうです。

「必要性」は学校の移動教室のほうが大きいとして、「許容性」はどうでしょ

う。もし子どもが「塾の次の授業はとても興味があるから休みたくない」と言い出したりしたら、このやる気や自主性を無視してまで塾の授業を休ませ、移動教室を優先するのは許容できない、となるかもしれません。この辺は判断が分かれるでしょう。「塾優先が当然」「学校優先が当然」と考える方もいると思いますが、なんとなく結論を出すのではなく、**理由を「必要性」「許容性」に分けて考えること**が大切です。これは複雑な思考をする際の練習になります。**自分の「当たり前」を、もう一度この「必要性」「許容性」のフレームに沿って考え直してみること**をおすすめします。

このように、私たちの生活には「必要性」「許容性」でしっかり考えたほうがいい問題がたくさんあります。「車を持つか・持たないか」だけでなく、「持ち家か・賃貸住宅か」「中学受験をさせるか・させないか」など、老後破綻（はたん）につながりかねない重要な問題にもかかわらず、あまり深く検討せずに決めている方もいます。なんとなく決めて後で後悔しないように、「必要性」「許容性」の物差しをぜひお使いください。

4

社会問題で考える「必要性」「許容性」〜主体の「正当性」と手段の「妥当性」

２０２０年、世界を襲った新型コロナウイルスに対する各国の対応は、大きく分かれました。その際、感染拡大を防ぐために、国がどれだけ私権を制限するかがポイントとなりました。中国だけでなく、フランスでも外出が禁止されるなど、民主主義国家においても私権への厳しい制限が見られました。日本においても２０２０年の３月頃、どこまで私権を制限すべきかが大きな争点となったことも記憶に新しいと思います。

このような問題も「必要性」「許容性」で考えることができます。

公衆衛生の観点からは、感染拡大を防ぐために私権を制限することはある程度「必要」です。しかし、大幅に私権を制限すれば、人間らしい生活が成り立たなくなります。個人の自由を制限することは、明確な法的根拠がなく、日本においては私権の制限への「許容性」がなかったために、強制的な措置は取られませんでした。公衆衛生の「必要性」はあっても、「個人の自由」への要請が私権の制限を「許容しなかった」という結果です。日本は自粛という形で、公衆衛生の「必要性」をカバーしたことになります。

しかしこれから先、重症者や死亡者が著しく増大すれば、「私権の制限もやむなし」ということになる可能性もあります。そのときにみなさんに考えていただきたいのは、「正当性」と「妥当性」という観点です。**それを実行する側に「正当性」はあるか、取られた手段に「妥当性」はあるか**、ということです。

たとえば感染者を強制的に隔離するといった方法は、人権を強く制限することになりますから「妥当」ではありません。私権を制限するにしても、どんな手段が「妥当」なのか、その手段には法的根拠があるのか、手段を行使する政府に「正当性」はあるのか、といった部分を突き詰めて考える必要があります。

∴明治維新で考える

この「正当性」「妥当性」の構図がわかりやすいのは、明治維新です。明治維新で行われた「廃藩置県」や「廃刀令」。これらの政策は、武士の世を終わらせ、近代的な中央集権国家を築くための「必要性」に迫られて実行されました。

しかし、新政府である新しい行政機関が、まだ「正当性」を獲得していなかったために、反発は大きいものでした。とくに武士の命である刀を奪われることは、当時においては「妥当性」に欠け、この「刀を捨てられない」という感情が、西南戦争に向かうきっかけの一つになりました。

このように、「必要性」があったとしても、それを実行する主体が「正当性」に欠けていたり、手段が妥当でなく、人びとがとても許容できなかったりすると、実行が困難になります。また、実行したとしても歪みがでてしまいます。明治維新において、それは西南戦争という形で表れました。

「歴史は実学だ」などと言われます。私も生徒に歴史を教えるときには、過去の歴史の出来事を学ぶと、**現在や未来の自分の行動の指針**になると伝えています。そういうことを頭に入れておくだけでも、たんなる暗記科目として社会科をとらえるのではなく、広い視野で見ることができるようになるはずです。

「必要性」「許容性」を考える際に主体の「正当性」、手段の「妥当性」を考えていくと、よりよい判断ができるようになります。ぜひ「思考の道具」として使ってみてください。

5

未知の問題は大チャンス!! 「似た事柄」を考えろ!

新型コロナウイルスのような未知の問題への対応を求められたときの思考法があります。それは「似た事柄を思い出す」という方法です。社会問題を考えるときには、とくにこの方法が役に立ちます。

前項でお話しした「公衆衛生のためにどれだけ私権を制限すべきか」という問題も、似た事柄について考えることで思考する手がかりを得ることができます。似た事柄は歴史のなかから見つかることもありますし、似たジャンルの事柄から見つかることもあります。うまく**似た事柄がみつかれば、思考のきっかけになります**。

たとえばかつて癩病(らいびょう)とよばれた「ハンセン病」。これを似た事柄として考えてみましょう。ハンセン病は非常に感染力の弱い病気であるにもかかわらず、

「未知のウイルス」「不治の病」と恐れられていました。このまちがった認識のもとに、政府は１９０７年に「癩予防ニ関スル件」という法律を制定し、これがハンセン病への偏見を助長したと言われています。また、１９３１年には「癩予防法」を制定し、強制的な隔離政策を行いました。さらに戦後も「優性保護法」の対象としてハンセン病が明文化されたり、「らい予防法」が１９５３年に成立したりしたことで、患者の収容所からの脱出、外出が禁止され、結婚する際には堕胎、断種が行われるなど、甚だしい人権侵害が行われました。そして治療法が確立したにもかかわらず、この人権侵害は89年という長きにわたって続けられたのです。

　このように日本には、未知の感染症に対し、公衆衛生を優先させるために、徹底的に私権を制限した苦い過去があります。そして当時、抑圧に苦しんだ患者の方々の体と心の傷は、未だ消えてはいません。

　未知の感染症に対して冷静に判断するためには、このような「似た事柄」について一度深く考えてみることが大きな助けになります。

コロナ禍をきっかけに地方分権に？「似た事柄」から予測する

「似た事柄」から未来の予測もすることができます。

未知の新型コロナウイルス感染症への対応を巡って、各都道府県が存在感を増してきました。公衆衛生のプロが首長である岩手県は、当初は感染者ゼロが続きましたし、県境で検温を実施する県や、独自の経済対策を行う県など、各都道府県の対策が大きな意味を持つようになりました。東京や大阪の知事の動向も、毎日テレビやネットで取りざたされています。

このような2020年の様子は、約11年続いた応仁(おうにん)の乱の時代と似ています。室町幕府（中央政府）が力を失い、地方の実力者が台頭し、戦国大名へと成長していった時代です。戦国大名が誕生しただけでなく、堺(さかい)のような自治都市まで現れました。約11年にわたった戦乱は、地方分権を進めるきっかけになったのです。

このままいくと、地方の戦国大名が自分たちの領国で、領国経営を始めたように、日本においても都道府県レベルの行政が、国のそれよりも重きをなしてくるということがあるかもしれません。江戸時代の藩（はん）がそうであったように「自分たちの領国は自分たちで守る」といったような意識がこれから芽生えてくるかもしれません。

このように歴史のなかの**「似た事柄」から、未来を予測することも可能**です。歴史はたんに過去のものではありません。「思考の道具」として使えば、明るい未来への指針にもなるのです。未知の問題に対して「似た事柄」からヒントを得て、ピンチをチャンスに変えていきましょう‼

6 入試問題での「未知との遭遇」でも「似た事柄」を思い出せ！

中学入試は、学校によって問題傾向に大きな違いがあります。なかでも社会はその傾向が強く、昔からの御三家である武蔵中も、なかなかユニークな問題を出すことで知られています。さっそく見ていきましょう。

問題

（小麦の栽培は、いまから約1万年前に、現在のシリアやイラクのあたりで始まりました。）

小麦、その他の穀物を栽培することで、人々の生活のあり方はそれまでと比べて大きく変わったといわれています。どのように変わったと思いますか。

（武蔵高等学校中学校　社会　平成8年・改変）

この武蔵中の問題を見て、「中学入試には、世界史の知識も必要なのか……」と思った人もいるでしょうが、そうではありません。この問題、「似た事柄」を思い出せば、日本史の知識で解くことができるのです。みなさんもちょっと考えてみてください。ヒントは、「小麦をあるものに置き換える」ことです。

そう、「あるもの」とは「米」です。稲作が広がった弥生（やよい）時代（現在は、縄文時代の終わり頃に稲作が始まったとも言われています）のことを参考にして書けば、この「世界史」の問題も解答することができます。

解答例

小麦の生産によって食生活が安定したため、定住化が進み集落ができ、その規模も次第に拡大した。富の蓄積が可能になったことで、その拡大した集落のなかで階級ができることになった。また、富を巡って各地で集落同士の争いが起こり、その勝者がやがて国へと発展した。

この解答は、弥生時代に米の栽培が広がったことで定住化が進んだこと、保存ができるという米の特性が富の蓄積を生んだこと、そしてそれが階級や富を巡る争いに発展したことを書いています。たんに、米を小麦に変えただけです。中学受験生には世界史の知識はありませんから、もちろんメソポタミア地域のことなど知りません。それは学校側もわかっています。学校側が求めているのは、「持っている知識を使って解いてください」ということ。それに気がつくことができるかどうかが、この問題のポイントです。

未知の問題に遭遇したとき、冷静になって**「自分の知識のなかに似た事柄はないか？」**と考えられるかどうかが、分かれ目となるのです。

「知識」と「思考力」は対立した概念のように語られることがありますが、決してそうではありません。「思考」はあくまで「知識」をベースとして成り立つことを、頭に入れておきましょう。

おいしい焼き鳥も「似た事柄」から!!

「似た事柄」が使えるのは、社会問題や入試問題だけではありません。

仕事のアイディアも「似た事柄」から生み出すことができます。私のお気に入りの店の一つである、銀座にあるちょっと変わった焼き鳥屋。血管、食道、心臓の上部、首など、非常に珍しい内臓系の焼き鳥を出してくれるお店です。店主に話を聞いたら、もとは「もつ焼き屋」だったそう。豚や牛の内臓を扱っていたのを平行移動し、焼き鳥屋に転向したといいます。

じつは私も同じです。もとは司法試験の模擬試験問題や解説を作成するなど、法律に関する文章をつくり、収入を得ていました。国語教師に転身したのは、法律の文章を読むように国語の文章を読めば、ずっと容易に理解できるようになると気がついたからです。これも「似た事柄」への「平行移動」です。

アイディアを牛むのは「思考力」です。**「似た事柄」から発想すれば、新しいアイディアももっと簡単に見つかる**かもしれません。

7 「みんなちがってみんないい」「多様性」を考える

より妥当な解決のためには、「多様性」という道具が有益です。わかりやすいように、まず入試問題で見ていきましょう。次は、思考力を問う入試が行われ、記述問題が多く出題されている東京都立の中高一貫校入試の共通問題です。

例題

（前略）

花子：ノンステップバスは、いろいろな人が利用しやすいように、設計が工夫（くふう）されているようですね。

太郎：このような工夫にはどのような役割（やくわり）が期待されているのでしょうか。

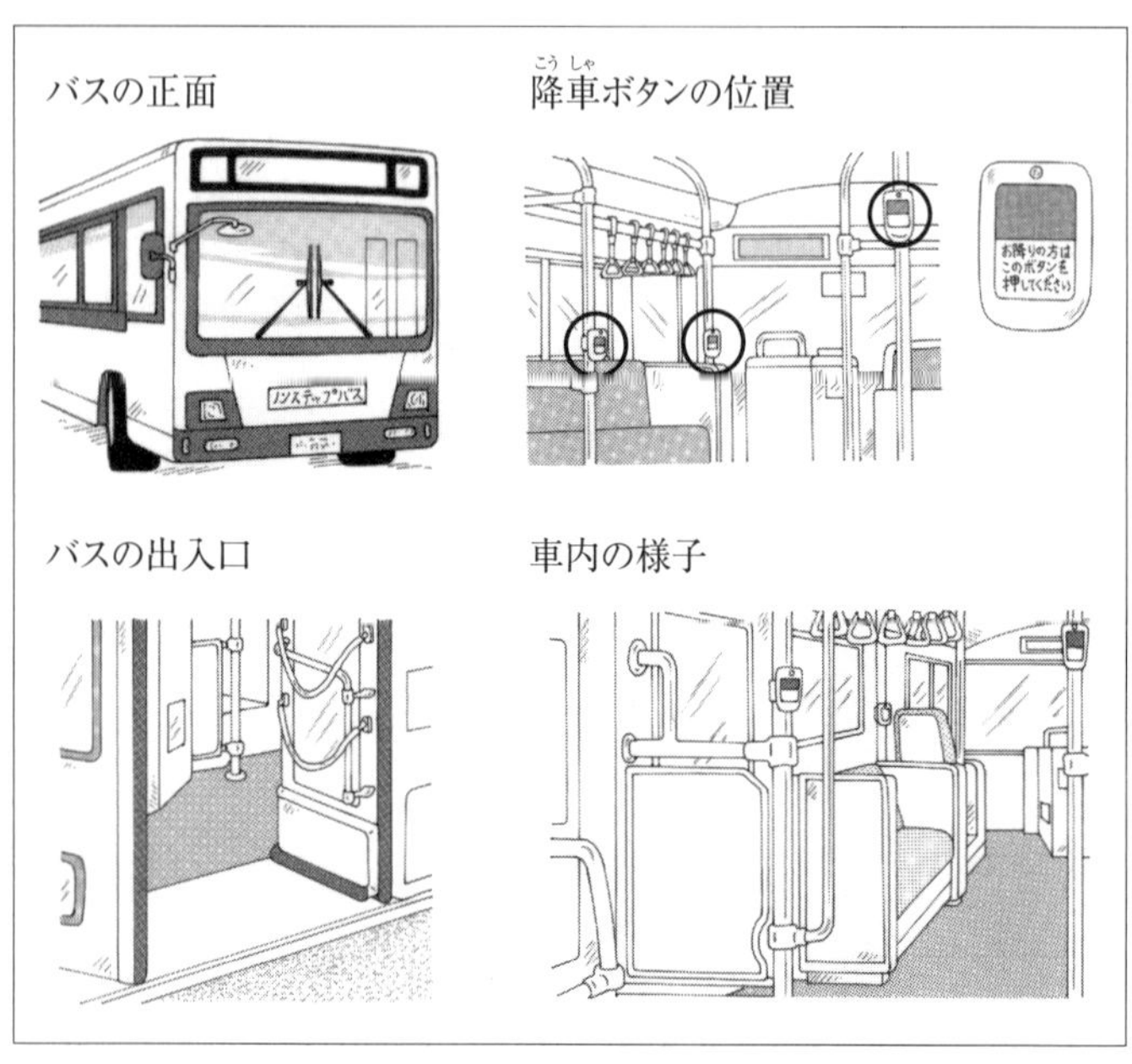

表：2015(平成 27)年度以降のノンステップバスの標準的な設計の工夫の一部

・出入口の高さ	・車いすスペースの設置
・手すりの素材	・フリースペースの設置
・ゆかの素材	・固定ベルトの設置
・降車ボタンの位置	・優先席の配置

（公益社団法人日本バス協会「2018 年度版（平成 30 年度）日本のバス事業」より作成）

問題 太郎さんが「このような工夫にはどのような役割が期待されているのでしょうか。」と言っています。**表**から設計の工夫を二つ選び、その二つの工夫に共通する役割として、どのようなことが期待されているか、あなたの考えを書きなさい。

（都立中高一貫校共通問題　適性検査　令和二年・改変）

「設計の工夫」を選んでから、それらのバスの設計がどのような目的で行われたのかを答えます。次は考え方の軸に「多様性」を使った解答です。

解答例
設計の工夫：出入口の高さ・フリースペースの設置
役割：小さな子どもやお年寄り、障がいのある人など、さまざまな人が楽に乗り降りできるように、出入口の高さを下げている。また、車いすの人やバギーで乗車する人などのために、スペースを設置している。バスの乗客の多様性に沿った快適さを提供する役割が期待されている。

今も現役かもしれませんが、かつてのバスの出入口は階段状でした。優先席や車いす・フリースペースなどもなかった時代から考えると、その違いも目に浮かびやすく、わりとすんなり**「多様性」という観点で解答が導き出せる**かもしれません。しかし、物心ついたときからノンステップバスに乗っている受験生たちにとっては、その変化は目に見えるものではありません。そうなると「いったい何を答えたらいいのか、漠然（ばくぜん）としてわからない」ということにもなるでしょう。

そんなときに「『多様性』という観点で、答えられないか」と「思考の道具」を取り出して考えると、手がかりがつかめます。思考するためには、そのための道具があるとうまくいきます。思考力入試では、限られた時間のなかで多くの文章を書いていくことになります。1問1問をゆっくり考える時間はありません。そのため、いかに早く、解答の方針を立てて書き始められるかが勝負を分けるのです。

この問題を実際に解いた生徒は、受験後、「先生、『多様性』使えたよ〜」と嬉しそうに報告してくれました。ちょうど次の項で例題としている麻布中の問題を使って、「多様性」という道具を使えるように練習し入試に向け準備してあったので、私もほっとしました。合格後も、学校のテスト前には私の教室で使ったプリントをざっと見直してから、テストにのぞんでいるといいます。このように、拙著『超読解力』で取り上げたものも含めて私がお伝えしている道具は、中学受験だけでなく、**その後の試験や受験、そして社会人になってからも使える思考や読解のフレーム**なのです。

ちなみにこの問題は、「さまざまなニーズを持つ人の必要性に応えるため」といったように、「必要性」の観点も使って答えることも可能です。思考力の問題の答えは一つではありません。ですからできるだけ多く、思考を刺激する道具を持っていたほうがいいのです。入試問題に限らず、世のなかには「多様性」と「必要性」を合わせて考えるという観点で考えるとうまくいく問題が多いので、頭に入れておくと非常に便利です。

8 「多様性」と「特殊性」を同時に考える

次の問題も、「多様性」という観点で考えることができます。どのような解答が適切か、みなさんもちょっと考えてみてください。これは入試問題ですが、私たちの社会一般にみられる問題でもあります。

例題

（阪神・淡路大震災では）仮設住宅の建設場所や数、入居資格を決定したのは国や県であって、被災者の生活状況をよく知っている市町村ではありませんでした。国や県は、市町村の要望や被災者の希望を十分に受けることなく、仮設住宅への入居は高齢者を最優先しました。たしかにその必要性は理解できますが、[ア]その結果、優先的に入居できた高齢者に深刻な問題が生じたのでした。

以上のように、阪神・淡路大震災では、救援や救済に関してさまざまな問題がありました。

問題1 傍線部アについて。仮設住宅に優先的に入居できた高齢者には、どのような問題が生じたのでしょうか。答えなさい。

問題2 傍線部イについて。どのように行政が変われば、より良い災害対策を行うことができると思いますか。

（麻布（あざぶ）中学校　社会　平成19年・改変）

国や県は、地域や個々人の「多様性」という意識を持たず事に当たったために、問題が生じたと考えられます。**「人にはそれぞれ事情があるということを深く認識して、可能な限り個人の多様性に対応すべき」**という視点でとらえるとうまくいきます。また、災害時ですから事態の「特殊性」という視点も頭に入れておくといいでしょう。

問題1の解答例

年齢で一律に区切ったために、地域との結びつきが強かった高齢者は、そのつながりが分断され孤立してしまった。↓政策に「**多様性**」の視点が欠落していた

その地域の市町村の担当者であれば、きっと地域ごとに同じ仮設住宅に割り振るなどの対応をしたはずです。地域を知らない国や県は年齢というひとくくりで考えてしまい、「高齢者のニーズにもいろいろある」という当たり前の視点が抜けていました。お年寄りは地域とのつながりが強い人が多いものですが、そのニーズに対応できていなかったことになります。年齢の線引きではなく、被災者の多様なニーズに沿って決めるべきでした。

問題2に関しては、「特殊性」と「多様性」を軸にした答えをいくつか用意しました。

問題2の解答例

・被災者それぞれの状況をふまえ、その希望に沿って仮設住宅を決めるなど、被災者の多様性をふまえた判断をする。↓**「多様性」**

・非常時には簡単な資料の提出があれば救済するなど、事態の「特殊性」に対応できるようにする。↓**「特殊性」**

・緊急性が高い災害時には、市町村の現場に判断を任せることができるように、法制度を整えておく。↓**「特殊性」「多様性」**

最後の解答は、現場の判断に任せることが、「災害時の特殊性」と「地域ごとの多様性を認める」という両方を兼ねていることになります。

現在の新型コロナウイルスに関する状況でも、企業救済のための書類が煩雑(はんざつ)すぎて提出に時間がかかるという問題点が指摘されています。これは、未だに災害という事態の「特殊性」に対応できていない証拠と言えそうです。

9 受験生が気づかない「多様性」という視点

私の子どもがまだ小さかった頃、ＮＨＫの子ども番組で『私と小鳥と鈴』という金子みすゞの詩を歌詞にした歌がよく流れていました。「みんなちがってみんないい」というというフレーズが印象的でした。そんな時代に育った今の子どもたちは、**「多様性」ということ自体が当たり前で、あまり意識をすることがない**ようです。私の時代は、学校に一人でも外国籍の子や、親が外国人の子がいたとしたら、「めずらしい」という感覚でしたが、今の子どもたちのクラスにはそういった子たちが何人もいる時代。日々、「多様性」のなかで生きているのです。

たとえば、女子でも制服としてズボンをはくことができる学校も増えています。これは防寒の意図に加えて、ＬＧＢＴ（性的少数者）への対応と考えることができます。

公立中学校の学年末の音楽会で、娘さんと同じクラスの男の子がスカートをはいているのを見たあるお母さんが、家に帰ってから娘さんに「あの子、男の子だよね？」と聞いたところ、「そうだけど、なんでそんなこと突然話題にするの？」と不思議がられたといいます。つまりクラスメイトの娘さんにとって、その男の子がスカートをはいているのは、他の女の子がスカートをはいているのと同じくらいの感覚だった、というのです。入学してから、一度もそのことが話題にのぼったことはなかったといいます。「多様性を認める」という意識も、そこにはありません。これは、親の世代との大きな違いです。

ですから子どもたちには、「『多様性が大切だ』という視点がある」という解説をしておかないと、ピンとこないのです。大人は心のどこかで「多様性を認めなければならない」という意識を持っています。つまりその根底には、たとえば女子校にズボンの制服があることや、男の子がスカートをはいて登校することが、「ふつうと違う」という意識があるのです。

91ページのバスの問題にも見られるように、多様であることが当たり前の世界で生きてきた子どもたちにとって、そんな大人が出題する「多様性が大事」という内容が解答になる問題は、じつはとても難しいものなのかもしれません。

10

仕事、経済、経営に関することは「お金スペシャル」で考える

ビジネスパーソンの方には、当然すぎることだとは思いますが、仕事、経済、経営に関する問題を考えるときの、大原則についてご説明しておきます。「お金スペシャル」の原則は次の通りです。

(1) **売り上げを増やす**
(2) **経費を抑える**
(3) **(1)、(2)で利益を上げる（売り上げ－経費＝利益）**

中学受験生は、このような大人には当たり前の視点を持っていないので、私の教室では「お金スペシャル」とよんで、「思考の道具」として説明しています。

まず、「利益を上げるためには、売り上げを増やし、経費を抑える」ということを頭に入れてもらい、経費を抑えるためにできることとして、機械を導入することで人件費を抑えることがあり、それによって仕事の効率も上がることなどを説明します。さらに最近のインターネット通販は、売り場の経費と人件費を削減することで、価格を安くできることなども話します。

こういった基本的な知識があれば、国語や社会でお金にまつわる問題が出たときにも適切に対応できるようになるからです。

実際にどんな入試問題で「お金スペシャル」が使えるかを見ていきましょう。

例題

《資料》のように、回遊魚であるカツオは時期によって漁場がかわります。北上するカツオの群れを追って、宮崎県などのカツオ一本釣りの漁師たちは、毎年6～11月には気仙沼（けせんぬま）漁港を拠点（きょてん）におもに三陸沖（さんりくおき）で漁をしています。

問題 傍線部について、宮崎県の生鮮カツオの一本釣り漁船が、必ずしも母港である宮崎県の港に水あげせず、しかも時期によって水あげする港を変えていくのはなぜですか。《**資料**》を参考に、カツオの習性や生鮮カツオ漁の特徴（とくちょう）を具体的にあげながら説明しなさい。

（海城中学校　社会　平成24年・改変）

《資料》季節ごとのカツオの主な漁場

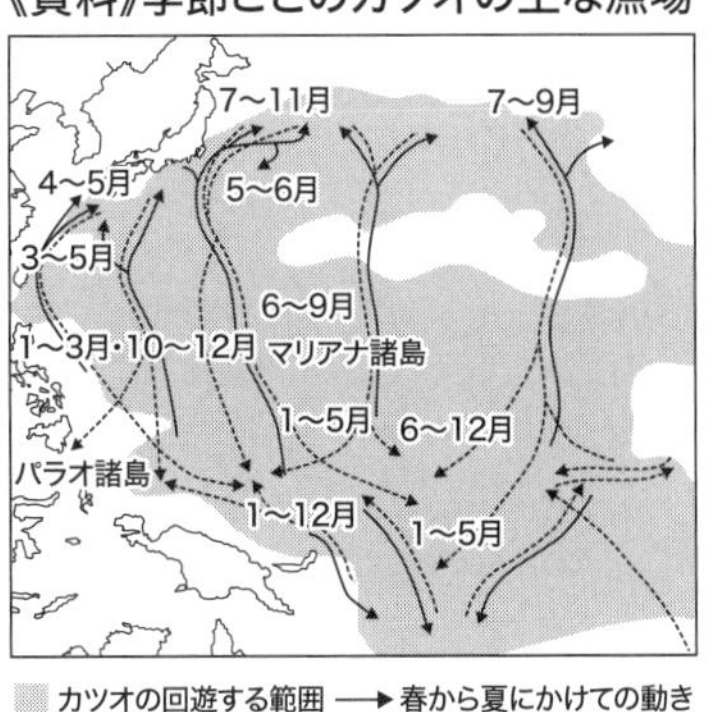

漁「業」についての問題ですから、「経済」に関するものとして、「お金スペシャル」を使って考えます。つまり、「利益を上げるためには、売り上げを増やし、経費を抑える」という考え方のフレームが役に立つのです。母港に戻らないということは、漁場に近い港に水あげしているということです。そのメリットは「新鮮なうちに水あげできる」「新鮮だから高く売れる」「輸送費・燃料費が安く済む」などがあげられそうです。

解答例

カツオは回遊魚であり、太平洋側を南から北へと移動する。その時期、漁船はカツオの群れを追って漁をする。

それを近くの漁港に水あげすれば、カツオは新鮮なままなので高く売れ、売り上げを増やすことができる。↓「**売り上げを増やす**」

また、輸送費や燃料費が安く済み、経費を減らすことができる。

↓「**経費を抑える**」

これらのことで利益を上げることができるから。↓「**利益を上げる**」

このような問題にぶつかっても、漁業のことはわからない、カツオのことは知らないと焦る必要はありません。「漁業↓経済」と考え、「お金スペシャル」を使うことを思い出せれば、筋の通った解答を書くことができるはずです。思考のための道具箱から正しい道具を見つけられれば、正しく考えることができるのです。

次は農「業」の問題です。こちらも仕事、経済に関することとして、「お金スペシャル」を使って解答することができます。

例題

ここからは津軽富士とよばれる岩木山が一望できる。市街地からすこし離れるとそこにはりんご畑が一面に広がる。今は時期ではないが、収穫期になると大粒の身を熟させる。この地方での生産は1875年（明治8年）に3本のアメリカ産苗木を植林することから始まった。最近は、実が色づく前に果物の表面にいろいろな形や文字のシールを貼り付けて栽培している農家もある。栽培農家は実に1つ1つ袋をかぶせるなど手間をかけて生産している。現在はこの県だけで全国の約半分を生産している。

問題 傍線部について、この作業の効果（実際にどのような製品になるのか）とその目的を説明しなさい。

（渋谷教育学園幕張中学校　社会　平成15年・改変）

りんごにシールを貼り付けることで、どのような製品になるか、そしてその目的を聞いています。「お金スペシャル」で考え、「利益を上げる」ことを目的としてまとめます。

解答例
作業の効果：シールを貼ることで、宣伝などに使える文字やマークをりんごにつけることができる。
目的：りんごを宣伝に使うことで、高い値段で買う人を増やし、利益を上げるため。→「**利益を上げる**」

私たちの仕事の主たる目的は、「利益を上げること」です。ですから仕事上の「魚を新鮮なうちに売る」「りんごにしかけをする」などのさまざまな工夫は、「売り上げを増やす」ために行われています。また同時に、「近くの漁場を利用する」など、「経費を抑える」ことも行われています。仕事、経済、経営に関する問題の場合は、まずこのことを頭に思い浮かべてください。

∴ コンビニの24時間営業をどうする？

「お金スペシャル」を使って、少し前から問題になっているコンビニの24時間営業について考えてみましょう。人手不足による長時間労働を解決するため、夜には店を閉めたい店主側と、24時間営業を続けようとするコンビニ本部の意見の対立が続いています。セブンイレブンが24時間営業をスタートさせたのは1975年。今では半数以上のコンビニが、24時間体制での従業員の確保に頭を悩ませています。

24時間の営業をやめれば、当然売り上げは減り、利益も減ります。その穴埋めをどのようにすればいいのか、お話ししてきたように基本的には2つの方向があります。「売り上げを増やす」「経費を抑える」です。このどちらか、もしくは両方を満たすような解決策を考えていきます。

たとえば無人のコンビニです。すでに東京都内を走るJR山手線の高輪（たかなわ）ゲートウェイ駅では無人コンビニが営業を開始していますが、無人で夜中もオープンできれば、売り上げを減らさずに人件費を減らすことができます（設備投資は必要ですが）。また、96ページでご説明した「特殊性」の視点も使えそうです。地域の「特殊性」に対応して、24時間営業を厳守する地域とそうでない地域を分けて対処すれば、コンビニ本部の配送「経費を節約」しつつ店主の「利益」を守ることもできそうです。「売り上げを増やす」「経費を抑える」というシンプルな枠組みですが、解決策を考える手がかりになるのです。

このような当たり前の話をしているのは、じつは大人であっても経費の概念がすっぽりと抜けている人が本当に多いからです。「これだけ売れたら、これだけ利益が出る」というところにばかり頭がいき、商売をするには家賃や人件費がかかるということを忘れていたりします。「経費」という視点を忘れずに考えるだけでも、誤解や見込み違いを避けられるのです。

11

政治・公民では「利益」よりも「公益」が大事

「お金スペシャル」を、行政に応用して考えます。

行政や政策について考えを巡らすとき、つまり公民の問題を解く際には、前項でご説明したことに加えて、次のような基本的知識が必要です。

(1)税収（納税額）で
(2)経費（財政支出）をまかなう
↓利益を上げる必要はない

行政は利益を上げる必要はありません。基本的にはマイナスにならなければいいのですが、ご存じのように日本は借金大国。税収だけでは経費をまかなうことができないため、約半分を国民からの借金である国債で調達しています。ポイントは、国や公共団体の仕事は「利益を出す必要はない」という部分です。問題を見てみましょう。

例題

私たちが安心して生活していくためには、警察や消防、道路、公園など、私たち個人や民間の団体の活動だけではまかなうことができない公共サービスや公共施設が必要です。

国や地方公共団体は、私たちの生活をより良く、より豊かにするために、いろいろな活動をしています。その活動を支えているのが、私たちの税金です。税金は私たちにとって、共同社会を維持するための、いわば会費であるということができるでしょう。

問題 傍線部について。これらの公共の仕事はなぜ個人や民間の団体の活動だけでまかなうことができないのでしょうか。

（麻布中学校　社会　平成10年・改変）

公共の仕事について考えてみましょう。たとえば警察が泥棒を捕まえても、それによって利益が出るわけではありませんし、消防士が火を消しても儲かるわけではありません。コロナ禍で注目された保健所も同じです。このように公共の仕事は、「必要性はあっても利益を上げることができないもの」です。そのためいわば「会費」としての税金で運営されているのです。

解答例

公共の仕事は、経費と売り上げが釣り合わず、民間に任せられないから。

このように見ていくと、「必要ではあるが、利益が出せない」仕事は、国や公共団体が担当していることがわかります。同じ視点で考えられる問題をもう1問解いてみましょう。

例題

現在の世界的な旅行ブームのなかで、多くの国々(くにぐに)にとって観光は重要な収入源になっています。そのため各国の政府は、外国人観光客の獲得(かくとく)に必死になっていて、さまざまな工夫をして観光客を招き入れようとしています。また、旅行会社はさまざまな旅行を「商品」として売りに出しています。

問題 傍線部について。各国政府は観光客を招き入れるために、宣伝・広告などさまざまな取り組みを行っています。その取り組みのなかで、旅行会社にはできないことを三つ答えなさい。

(麻布(あざぶ)中学校　社会　平成22年・改変)

外国人旅行客を迎え入れるために、旅行会社にできない仕事とはどんなことなのでしょうか。考え方のポイントをまとめてみました。

・売り上げにつながらないことはできない

・経費がかかりすぎることはできない

・国・公共団体の仕事はできない

解答例

・税金の免除をする　↓　**「国・公共団体の仕事」「売り上げにつながらない」**
・地域の安全・治安を保証する　↓　**「国・公共団体の仕事」「経費がかかりすぎる」**
・大きなスポーツイベントを開催する　↓　**「経費がかかりすぎる」**
・観光客を優遇する法律をつくる　↓　**「国・公共団体の仕事」**
・入国時に必要なビザを免除する　↓　**「国・公共団体の仕事」**
・価格を大幅に割り引く　↓　**「売り上げにつながらない」「経費がかかりすぎる」**

最後の例は、コロナ禍のＧｏ　Ｔｏキャンペーンみたいですね。いくら公的な分野は利益追求を目的としないとはいえ、受益者に直接給付しないこのような場合は、波及効果（乗数効果）を厳密に検討したうえで実施すべきでしょう。実際はどうなっているのか心配です。

12 「お金スペシャル」需要と供給

「お金スペシャル」として、最後に「需要と供給」の話をしましょう。次のような問題が出題されています。

例題

こうした漁業の変化は、私たち消費者にとってはどうなのでしょうか。まず季節にかかわりなく、いつでもどこでも、新鮮で、おいしいといわれる魚を食べられるようになりました。しかし考えなくてはならないこともおこっています。まず、普通（ふつう）なら魚がたくさんとれれば、価格が下がるはずなのに、そうならない場合が多くなりました。また、いつでも食べられる魚が安全な食べ物かどうかという問題がうまれてきました。そして以前にもまして、たくさんの魚が直接食べる以外に使われるようになったのです。

問題 傍線部について。そうならない場合が多くなっているのは、なぜですか。

(麻布(あざぶ)中学校　社会　平成7年・改変)

まず、傍線部の「普通なら魚がたくさんとれれば、価格が下がるはず」という部分を理解していなければなりません。これは「需要と供給」の問題です。価格は原則として、欲しいという商品やサービスの量(需要)と、売りたいという商品やサービスの量(供給)のバランスで決まります。

需要(大)・供給(小)　↓　**価格は上がる**
(欲しい人が多くて、商品が少ないから、価格が高くても売れる)

需要(小)・供給(大)　↓　**価格は下がる**
(商品が多いのに、欲しい人が少ないから、価格を下げないと売れない)

りんごを買いたい人が5人いるのに、りんごは残り1個なら、高く売ることができます。逆に、欲しい人が1人しかいないのに、5個残っているなら、安売りしてでも売ったほうがいいでしょう。このように、モノやサービスの価格は、「需要と供給」のバランスで決まります。

以上をおさえたうえで、問題の傍線部を見てみましょう。魚がたくさんとれているのに、価格が下がらなくなったといっています。そこにどんな理由があるのかを考えます。魚はたくさんとれているのですから、本来であれば供給が増えて、価格が下がるはずです。しかしそうなっていないのですから、供給量が抑えられていると考えることができます。では、どうやって？　答えを見てみましょう。

解答例

冷凍、冷蔵などの保存技術の発達により、供給量が調節できるようになったから。

保存技術がない時代は「豊作貧乏」と言われるような事態が頻繁（ひんぱん）に起こりました。これは作物がたくさんとれすぎて、価格が下がり、利益が出ない状態です。現在では、不作や不漁などで作物や水産物の供給が少ないときに、保存しておいた商品を出荷して、利益を出すようになっています。

このようなお金スペシャルで扱う基本的な知識は、思考力テストの道具として使えるだけではありません。会社で働くにせよ、起業するにせよ、地方公共団体に勤めるにせよ、**生涯にわたって役に立つ**ものです。ちなみに私は、他の人が「供給」できない、なおかつ多くの生徒さんの「需要」がある授業や学習指導をめざして、ずっと教室を運営してきました。オジサンの自慢話のようになり、恐縮です。しかし、「需要」「供給」の視点は、仕事、経済、経営にまつわることを考える際の、基本的な道具として頭に入れておくことをおすすめします。

13 地域の問題は「雨温図」で考える

知り合いの経営者が「コールセンターを北陸に開いた」というので話を聞くと、「都心に比べて土地代や家賃が安く抑えられるし、クレーム処理が多い仕事で、我慢強い人でないとできないから」とのことでした。

なるほど北陸は、雪に閉ざされた長く厳しい冬を過ごさねばならない土地です。それは産業にも表れています。北陸といえば伝統工芸品の産地。たとえば新潟は、経済産業大臣が指定する「伝統的工芸品」が京都府・東京都に次ぐ3番目の多さとなっています。また、石川県には「輪島塗」「九谷焼」「加賀友禅」など日本を代表する伝統工芸品があります。福井県の越前打刃物については、海外のシェフが自分の包丁をつくるために、わざわざ足を運ぶといいます。伝統工芸品の製作には、多くの工程が必要ですし、職人はその技術を身につけるために何十年という歳月を費やします。外に出られない長い冬を、人びとは我慢強く、物づくりに没頭することで過ごしてきたのでしょう。気候はこのように、その土地に生きる人びとの産業や性格に大きな影響を与えます。実際、その経営者は、そのコールセンターで働く人びとに非常に満足していました。

地域や地方について考えるときには、このように気候から発想すると、思考のよい手がかりが得られます。そのために使えるのが年間降水量を表す棒グラフと、気温の折れ線グラフが一緒になった「雨温図」です。雨温図は中学入試でも頻出です。ここでは、思考のツールとして雨温図を使いこなせるようになるために、その見方を解説していきます。

∴チャートで判断。雨温図の見方

123ページのチャート（概略版）をご覧ください。

まず、1月の降水量が2月よりも多ければ、「日本海側」か、「北海道」の雨温図であると推測できます。１月の降水量が多いということは、雪が多いということと直結するからです。この点について、夏よりも冬の降水量が多いのは「日本海側」と記憶している方も多いと思われますが、それは不正確な知識です。日本の多くの地域は、梅雨や台風の影響を受けるため、夏季の降水量も多いのです。たとえば、秋田市の7月、8月の降水量は1月の1.5倍程度なのです。

次に、年間の降水量も考えてみましょう。日本の年間降水量の平均は約１７００㎜です。これよりも大幅に少ない年間降水量であれば1月の気温を見てみます。それが0度よりあきらかに下なら「北海道」、0度くらいであれば「中央高地」、0度よりあきらかに上なら「瀬戸内」と判断します。以上にあてはまらない場合、つまり1月の降水量が2月よりも少なく、年間の降水量が少なくない場合の多くは、「太平洋側」になります。

また、気温の年較差が小さければ、それは「島」であると判断できます。なぜなら水には「温まりにくく冷めにくい」という性質があり（理科的に言えば「比熱」が大きいということですね）、この性質のために、周りが海である「島」は年間の気温の差、つまり年較差が小さくなるからです。

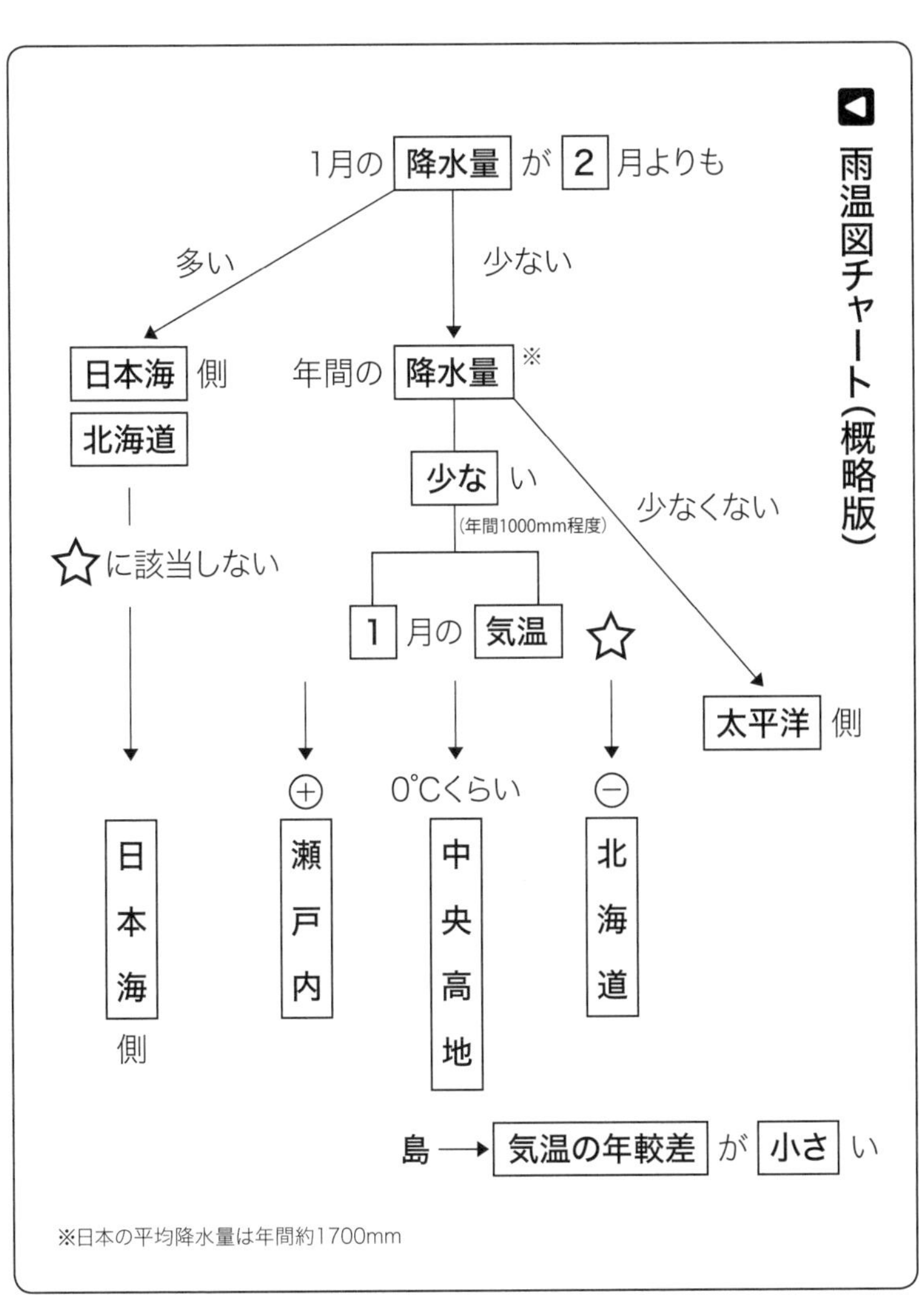

◀雨温図チャート(概略版)
1月の 降水量 が 2 月よりも
多い
少ない
日本海 側
北海道
☆に該当しない
年間の 降水量 ※
少な い
(年間1000mm程度)
少なくない
1 月の 気温
☆
太平洋 側
⊕
0℃くらい
⊖
日本海 側
瀬戸内
中央高地
北海道
島 → 気温の年較差 が 小さ い
※日本の平均降水量は年間約1700mm

14

「雨温図」から具体的事実を推測する

雨温図の見方がわかったら、そこから思考を広げていきましょう。

北陸にコールセンターをつくった先ほどの経営者は、「現地採用したスタッフが優秀で助かる」という話をしていました。はたしていわゆる「優秀さ」も気候から推測できるのでしょうか？

裏づけとなりそうなのが、文部科学省が行っている「全国学力テスト」です。全国学力テストは、小学校6年生と中学校3年生を対象に実施されており、2019年度は小学生約108万人、中学生約109万人が受けました。正答率の全国平均が64・0％というなか、正答率でトップとなったのは石川県（69・3％）、2位は秋田県（69・3％）でした。そして3位は福井県（68・9％）、4位は富山県（67・3％）、5位は東京都（66・3％）。5位までに北陸3県がすべて入るという結果になりました。

雪に閉ざされた地域で育った子どもたちは、自然と我慢（がまん）することを覚えます。ですからすぐに結果が出ない勉強も、コツコツがんばっていけると考えることができそうです。厳しい冬の環境はマイナスばかりでなく、学力へのプラスの効果がある。断定はできなくても、そう推測することはできます。

「優秀な人材を獲得したい」という思いは、経営者に共通のものです。雨温図をヒントにこういった地域性に気がつけば、新たに事務所を設置したり人材を採用したりする際のヒントになりそうです。ちなみに経営に関しては、もちろん「お金スペシャル」も一緒に使うことができます。土地代や家賃が安いということは「経費を抑える」ということにつながります。慣れてきたら、このようにいくつかの「思考の道具」を同時に使うといいでしょう。

また、「新型コロナ禍での自粛（じしゅく）生活で売れた商品が、我慢を強いられる冬の北陸地方で売れるのではないか？」などと思考を広げることもできます。そういった商品が自社にあれば、局地的にプロモーションを行ったり、商品のマーケティングをしたりするなどといった戦略がとれるかもしれません。**雨温図は受験生だけでなく、ビジネスパーソンにも役立つ**のです。

では、雨温図に慣れるために、典型的な中学入試の問題を解いてみましょう。

例題

次の**あ**〜**え**は、「東北地方」「中部地方」「中国地方」「九州地方」にあるいずれかの県庁所在都市の雨温図を示したものです。この雨温図が示す都市がある県を、西から順番に並べ、その順番を答えなさい。ただし、次の**【ヒント】**を参考にしなさい。

【ヒント】あ〜えの都市がある県の伝統工芸品

輪島ぬり　南部鉄器　備前焼　琉球がすり

（栄東中学校　社会　平成28年（A日程）・改変）

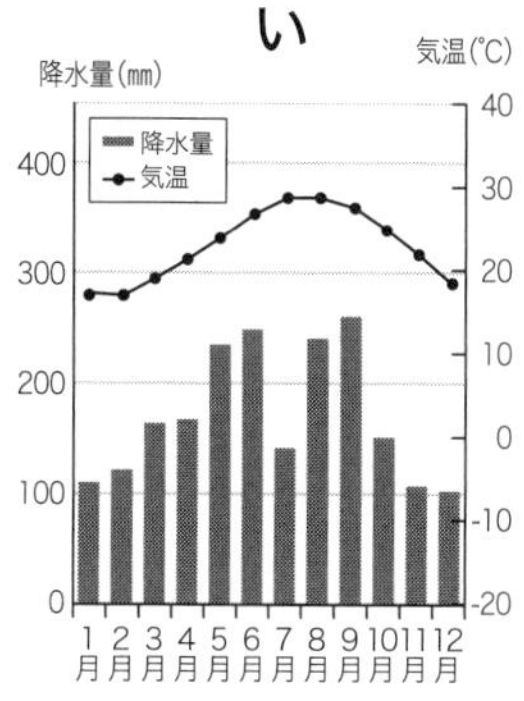

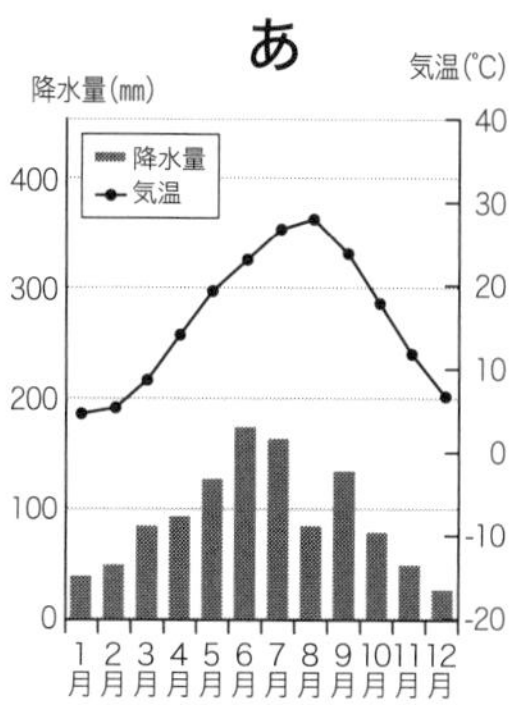

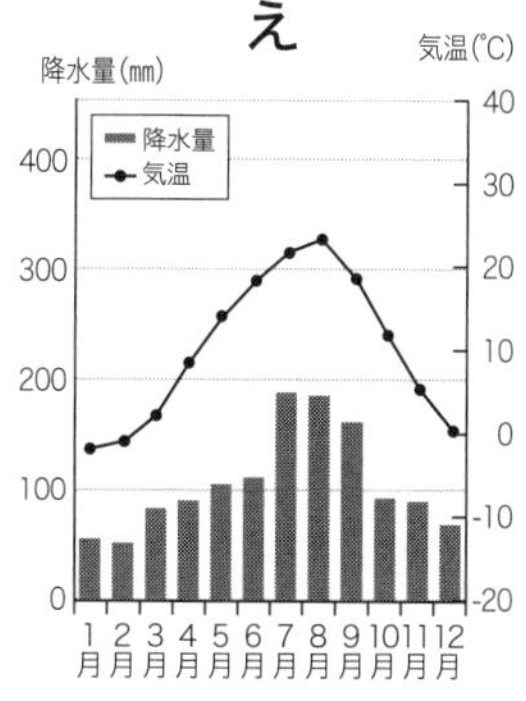

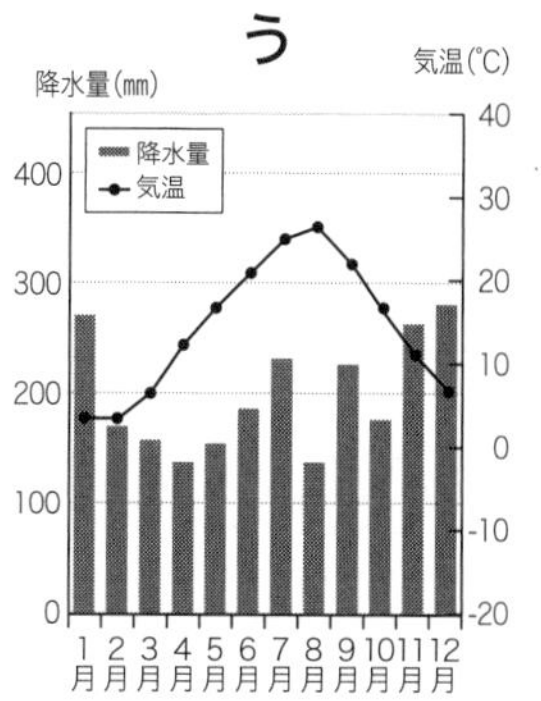

(『日本国勢図会2015/16』より作成)

伝統工芸品から見ていきましょう。これがわかれば、大きなヒントになります。「輪島ぬり」は石川県、「南部鉄器」は岩手県、「備前焼」は岡山県、「琉球がすり」は沖縄県です。ただ、これがわからなかったとしても、先ほどのチャートを使えば判断できます。

まず、1月の降水量を見ます。このなかで1月の降水量が2月よりあきらかに多いのは、「**う**」のグラフです。つまり「**う**」は「日本海側」の都市の雨温図であるということがわかります。次に、1月の降水量が2月より少なくて、降水量が全体的に少ないグラフを探します。「**あ**」は年間の降水量が１０００mmを切りそうですから、少ないと判断できます。また、1月の気温を見ると０度よりあきらかに高いので「瀬戸内」とわかります。さらに、「**い**」は気温の年較差が小さいので「島」と判断できます。残った「**え**」は、消去法で「東北地方」となり、太平洋側の気候とわかります。

先ほどのヒントと照らし合わせると、

「**あ**」岡山：瀬戸内（中国地方）　「**い**」沖縄：島（九州地方）

「**う**」石川：日本海側（中部地方）　「**え**」岩手：太平洋側（東北地方）

となりますので、西から並べると、「**い→あ→う→え**」となります。

解答「**い→あ→う→え**」

主要都市の雨温図をすべて覚えるのはほぼ不可能ですから、このようにチャートを使って安定的に割り振れるようにしておくと、正しい判断につながりますし時間の節約にもなります。

次は、雨温図の知識をベースとしつつ、さらなる思考力も問われている問題です。

例題

次の屋久島（やくしま）の図にある標高・緯度（いど）を参考にして、なぜさまざまな植物が分布しているか、その理由を答えなさい。

植物の分布は、気候によって変わります。雨温図で見てきた通り、気候の主

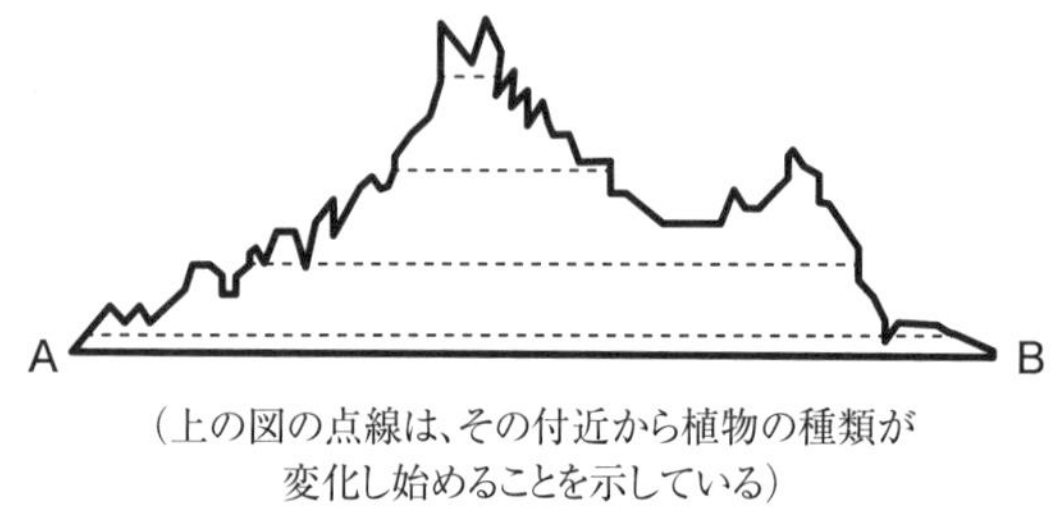

(上の図の点線は、その付近から植物の種類が変化し始めることを示している)

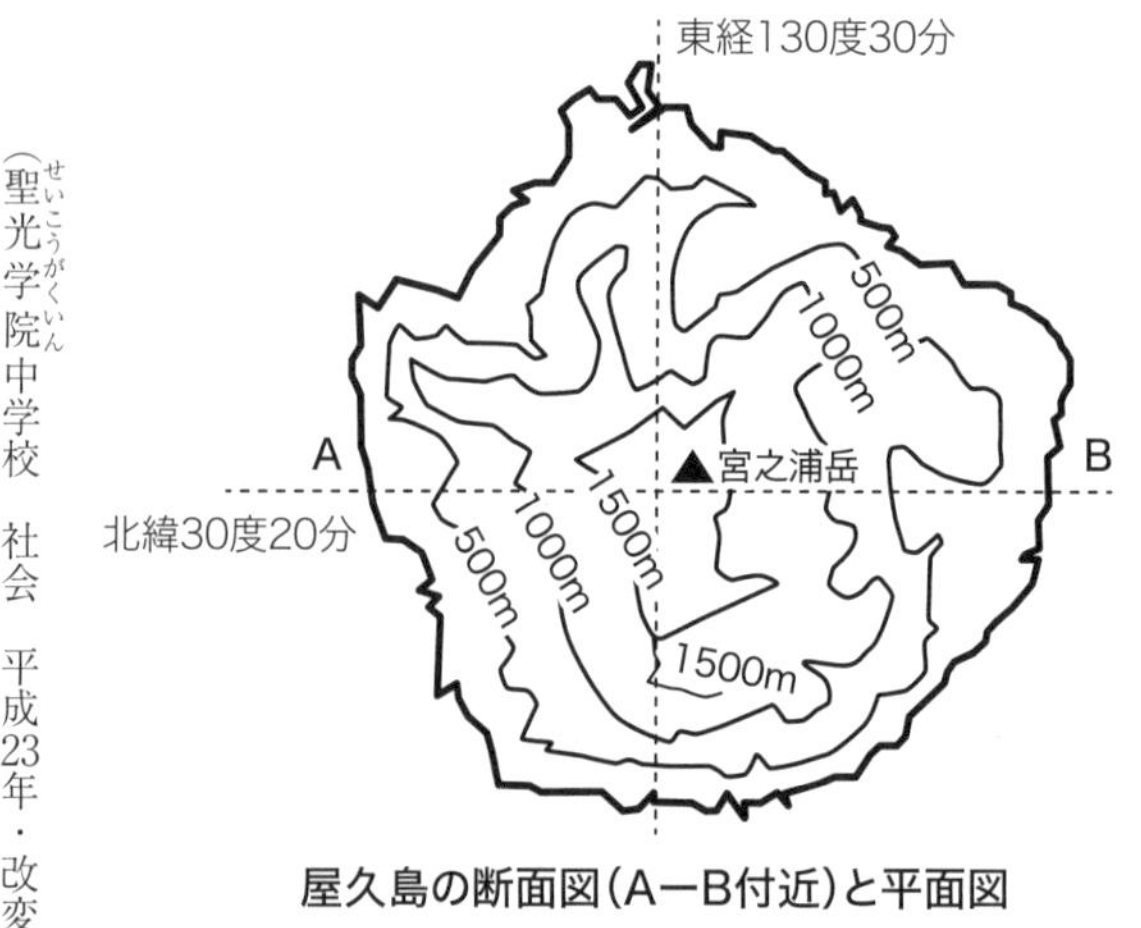

屋久島の断面図(A—B付近)と平面図

(聖光学院中学校　社会　平成23年・改変)

な要素は「降水量」と「気温」です。図を見ると、屋久島は低緯度、つまり南にあるため低地では温暖であることがわかります。しかし、標高差が大きいため、山のふもとと頂上付近では、かなりの気温の差があると考えられます。

解答例
低緯度かつ標高差が大きいので、いろいろな気候があるから。

このように、雨温図自体が掲載されていなくても、雨温図の基本的知識を持っているかが試される問題も出題されています。昔の入試では、地域ごとの雨温図の特徴を暗記していれば大丈夫でした。なぜなら「金沢の雨温図を**ア**～**エ**の中から選べ」といった問題だったからです。しかしここで示したような問題は、「日本海側の雨温図はこれ」といった暗記で乗り切ることはできません。

思考力入試と銘打っていなくとも、思考系の問題を増やしている学校は多くあり、その数も増えています。「社会＝暗記科目」という気持ちでいると、現在の、そしてこれからの入試には対応できないのです。

15 図表では「極端なもの」に着目する

次は、グラフなどの図表の見方を解説していきましょう。

図表のデータを読み解くためのポイントは、**「極端なものに着目する」**ことです。そうすることで違いや特徴が判別しやすくなるのです。では例題を見てみましょう。

例題

次のページの**グラフ**は、最上川（もがみ）と利根川（とね）の1年間の川の流量の変化について示したものです。最上川と利根川では、1年のうちでもっとも流量が多くなる月が異（こと）なっていますが、これはなぜですか。説明しなさい。

（栄東（さかえひがし）中学校　社会　平成23年・改変）

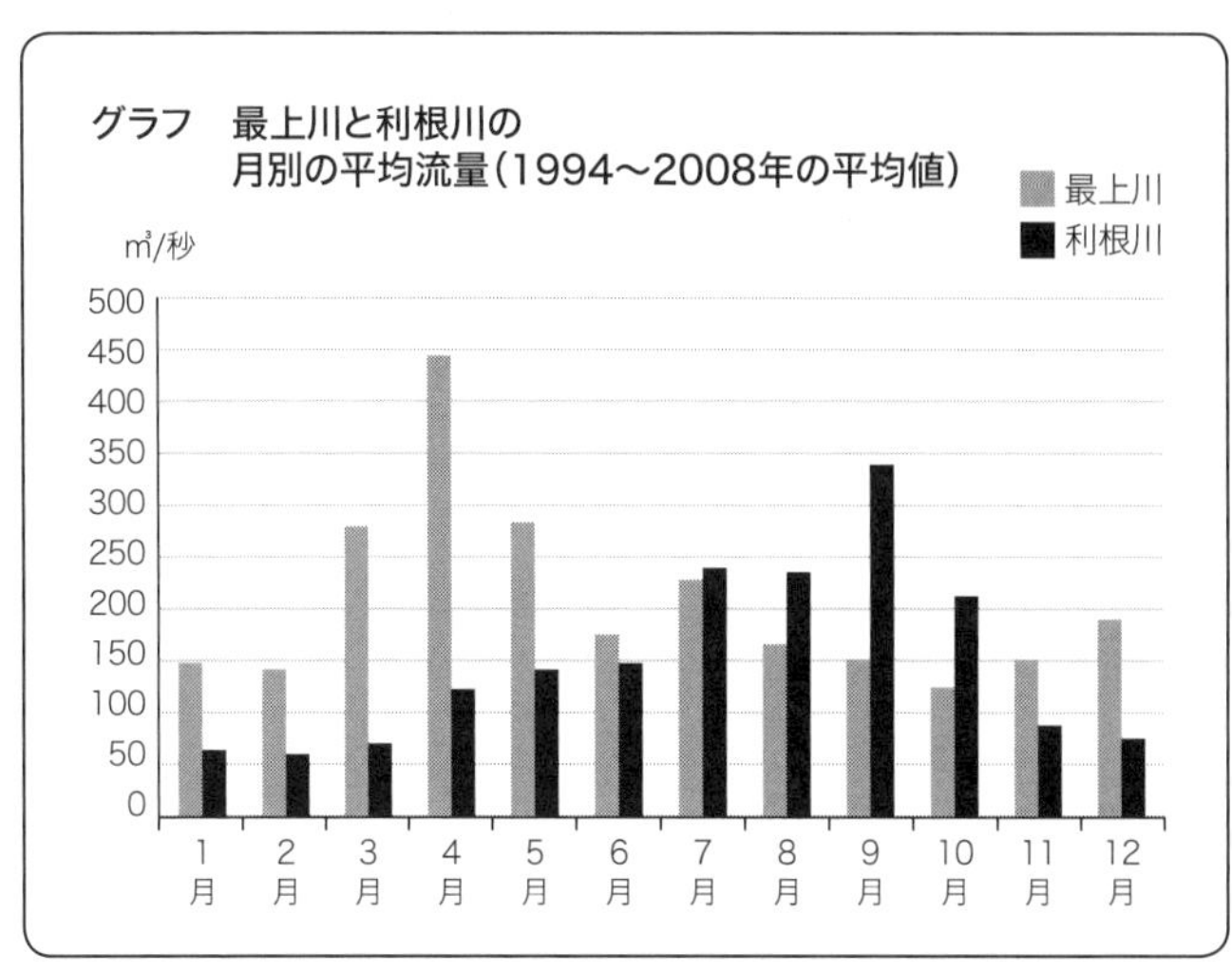

グラフの極端な部分に着目すると、最上川で平均流量が飛び抜けて多い月は4月、利根川では9月です。最上川は山形（やまがた）県を流れる日本三大急流の一つ。山形ということは、日本海側です。雨温図を思い出せば、1月の降水量が2月よりも多く、雪のため冬に降水量が多いのが特徴です。いっぽう利根川は関東平野を流れています。太平洋側では、台風の影響などで夏から秋にかけて降水量が多くなります。最上川が4月に、利根川が9月に平均流量が多い理由を、雨温図を思い出しつつ答えていきましょう。

解答例

最上川は、雪解け水が流れ込むことで4月の流量が多くなる。利根川は、台風や秋雨前線の影響で9月の流量が多くなる。このような違いがあるから。

このように極端なものに着目して考えると、思考の手がかりをつかむことができるのです。これは表の場合も同じです。極端な数字を見つけたら、丸をつけておくといいでしょう。

例題

下の表は、日本の三大都市（東京・大阪・名古屋）それぞれの中心部から50キロ圏の人口の構成比を表したものです。表中の番号と都市の組み合わせとして正しいものを次の**ア**～**エ**から1つ選び、記号で答えなさい。

	1	2	3
0～10キロ	12.1%	25.0%	26.0%
10～20キロ	28.3%	25.7%	23.6%
20～30キロ	23.7%	19.7%	16.6%
30～40キロ	21.5%	23.6%	18.5%
40～50キロ	14.4%	6.0%	15.3%

（『日本国勢図会　2020／21年版』より）

	1	2	3
ア	大阪	東京	名古屋
イ	東京	名古屋	大阪
ウ	名古屋	大阪	東京
エ	大阪	名古屋	東京

（広尾学園中学校《医進・サイエンスコース》平成26年・改変・資料更新）

まず1の「0〜10キロ」と、2の「40〜50キロ」の数字が非常に低いことに着目します。1のように、都市の中心部の人口が他の地域よりも少ないということは、「ドーナツ現象」が起きていると考えられます。つまり、都心部における居住者が少ないということです。大都市特有の現象ですから、「東京かな？」と見当をつけることができます。

逆に都心から離れた場所に居住者が少ないのが2です。郊外の人口が少ないということは、都市の規模が小さいということ。よって名古屋とわかります。

解答 イ

微妙な数字に着目してもヒントは得られませんから、極端な数字を見つけることから始めてください。

同じ方法で、次の問題にチャレンジしてみましょう。

例題 下の表は日本の航空輸送に関連して、北海道(ほっかいどう)・千葉県(ちば)・愛知県(あいち)・大阪府(おおさか)の国内線・国際線の旅客数を表したものです。愛知県をあらわしたものとして正しいものを次の**ア**～**エ**から1つ選び、記号で答えなさい。

（広尾学園(ひろおがくえん)中学校《医進・サイエンスコース》平成26年・改変・資料更新）

都道府県	旅客数(千人)	
	国内線	国際線
ア	22470	21958
イ	25163	3502
ウ	7305	6189
エ	7461	32080

（『データでみる県勢　2021年版』より）

イは国際線が極端に少なく、**エ**は国際線に比べ国内線が極端に少ないだけでなく、国際線自体が極端に多いという特徴があります。北海道には「〇〇国際空港」と称される空港はありませんから、**イ**は北海道と推測できます。国際線の利用者が著しく多いのは、「日本の玄関」とよばれる千葉の成田空港です。残りは**ア**と**ウ**ですが、大阪には関西国際空港と大阪国際空港という2つの国際空港があります。愛知県にある中部国際空港（セントレア）より乗降客が多いと考えると**ア**は大阪府、残った**ウ**が正解です。

解答　ウ

極端なものに着目して2つの候補を消し、残った2つの選択肢を比較しました。「極端なものに着目する」クセをつけると、グラフや表へ取り組む手がかりがつかめます。表やグラフを見て答える問題は思考力入試では頻出ですが、この力はもちろんビジネスでも応用できます。

16

「理性」「感情」という視点で世のなかを見る「二スペワン」

私の教室では、次のような合言葉があります。

「いつもこころに二元論」

この言葉は、教室のあちこちにテープで貼られていて、いつでも目にできるようになっています。なぜならこの考え方が、国語の問題にとりかかるためのベースになるからです。

とくに論説文では、抜群の効果を発揮します。なぜなら、**論説文は基本的に二元論を使って述べられている**からです。また、「思考するうえでの前提」の考え方にもなります。自分なりの意見を示すときには、二元論をベースに考えるとうまく説明できるようになります。また、これまでご説明してきた「思考の道具」を使う際の下地にもなります。

前著『超読解力』でもご紹介していることの概念ですが、外すことはできないので、ここでもう一度ご説明させてください。

∴「理性と感情」の二項対立「ニスペワン」

二元論とは、簡単にいえば物事を**「プラスとマイナスに分けて考える」**ということです。対立する概念を、プラス（善）とマイナス（悪）に分けて、「自分はどちらをプラスとするか」という方針を決め、考えを深めていきます。対立する概念とは、たとえば「自然・科学技術」「田舎・都会」「心・体」などがあげられます。

そのなかでも非常に便利な思考の道具が、私の教室で「ニスペワン」とよんでいるものです。これは、「二元論スペシャル1」の略で、二元論のなかでも「理性と感情」という図式に当てはめられるもののことです。

左の図を使ってご説明しましょう。

人間の精神の働きは、大きく**「理性的」なものと「感情的」なものに分ける**ことができます。「理性的」な態度というのは、物事を細かく分けて分析的に考える科学的な態度です。これは客観的な判断につながります。いっぽう「感情的」な態度とは、物事を直感でとらえる態度であるため、その判断の結果は主観的なものになりがちです。

前者の結果は数値で表すことができ、正しい可能性が高くなります。いっぽう、後者の直感で考えた結果は思い込みにつながり、正しい可能性は低くなります。もっとも、芸術の分野や新たな創造のためには、豊かな感性による直感的な判断も不可欠です。どちらが正解ということはありません。

現在の日本では、病気になれば医者が検査をし、治療をしてくれます。農業では水不足に対応するための灌漑(かんがい)設備や、寒さや害虫に強い品種の開発によって、飢餓(きが)に陥る心配も大幅に減りました。これらは現代の科学技術がもたらし

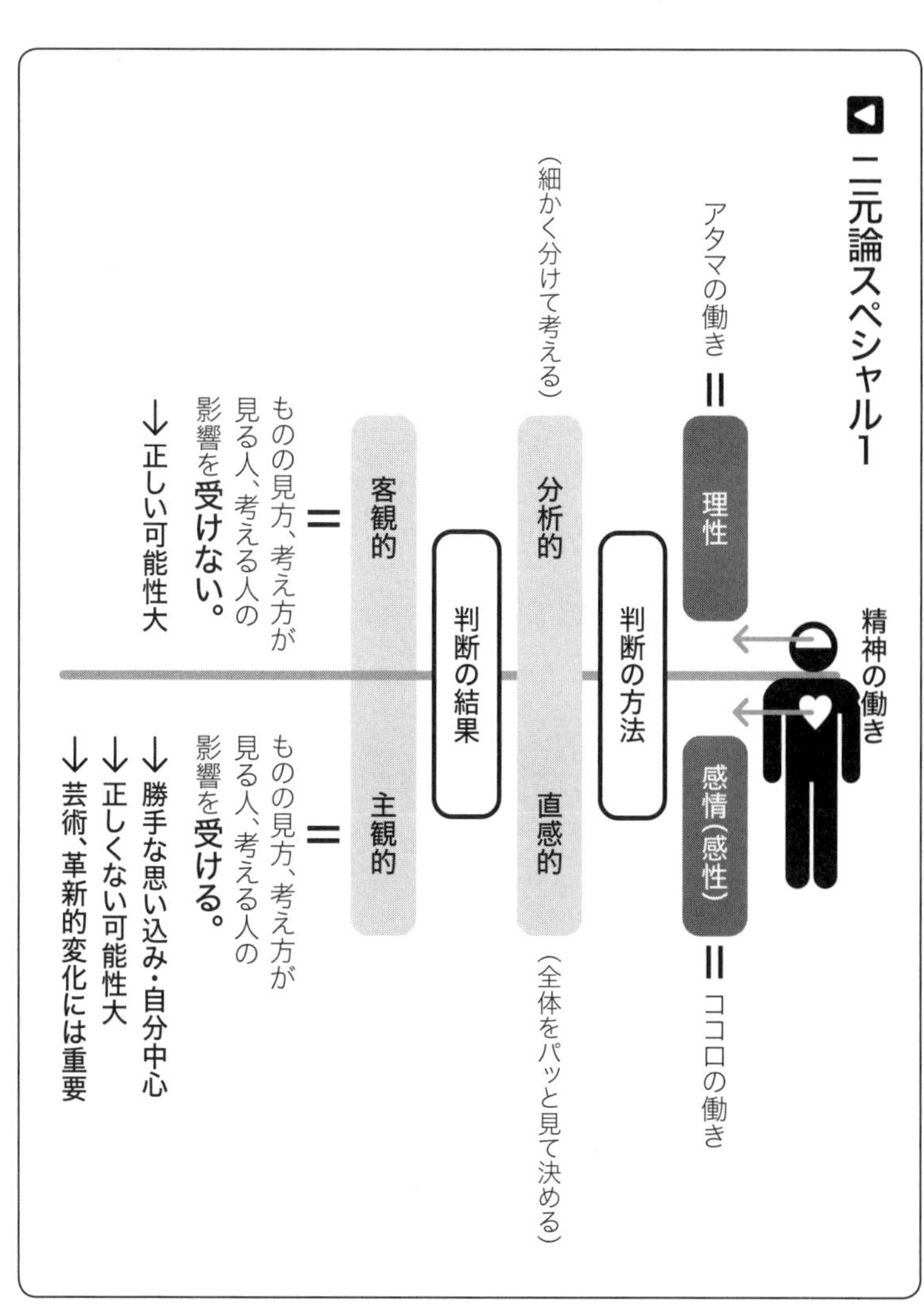
二元論スペシャル1
精神の働き
理性
アタマの働き
感情（感性）
ココロの働き
判断の方法
分析的
（細かく分けて考える）
直感的
（全体をパッと見て決める）
判断の結果
客観的
ものの見方、考え方が見る人、考える人の影響を受けない。
↓正しい可能性大
主観的
ものの見方、考え方が見る人、考える人の影響を受ける。
↓勝手な思い込み・自分中心
↓正しくない可能性大
↓芸術、革新的変化には重要

てくれたもので、問題に対する理性的な態度の結果です。

いっぽうで、かつて私たちは病気になれば祈禱師に頼り、干ばつが続けば神に祈っていたのです。こういった態度は現在の私たちから見れば「感情的」な態度です。現実的には、祈ることで病気が治ったり、雨が降ったりすることはないからです。

何かを選択するときに**「データで選ぶか、気持ちで選ぶか」**も「理性と感情の二項対立」となります。新入社員を選ぶとき「学歴で選ぶか、やる気で選ぶか」もそうですし、結婚するときに「年収や家柄で選ぶか、性格や容姿で選ぶか」も同じです。「容姿もデータでは？」という反論があるかもしれませんが、相手を素敵と思うかどうかは好みの問題が大きく主観的な判断なので、「感情」に含まれます。

「理性的」と「感情的」のどちらがプラスかマイナスかは、人によっても、時代によっても、状況によっても変わりますから、正解はありません。また、「理性的な正解」がわかっていたとしても、そちらを選ぶとは限らないものです。

たとえば理性的に判断すれば、地位や名誉を失う不倫は不正解ですが、人間ですからどうしても好きになってしまい合理的な判断ができないことはありま す。実際、「好きになってはいけない人を好きになってしまう」というのは小説やドラマで頻出(ひんしゅつ)のテーマ。どちらが本当の「正解」かは、本人にしかわからない、いや本人にもわからないものなのです。

このようにプラスとマイナスは、思考においては相対的なものです。しかし、試験問題では、**「著者がどちらをプラスとしているか」**を見つけ、それに沿って考える必要があります。

たとえば「自然に生きる・科学技術と共に生きる」ということについて考えてみましょう。読者であるみなさんが、この2つの概念(がいねん)のどちらをプラスとし、どちらをマイナスとして考えるかは自由です。もしみなさんが「自然と科学技術について、エッセイを書いて」と頼まれたとしたら、「私たちは自然な生き方を取り戻すべきだ」という「自然をプラス」とした文章を書いても、「科学技術といかに共存していくかが大切だ」という「科学技術をプラス」とした文章を書いても、どちらでも問題ありません。「思考する」ということにおいて、そのプラス・マイナスを決めるのは、思考する本人、つまりあなただからです。

くり返しますが、「理性的」な態度と「感情的」な態度は、どちらが正しいということはありません。**国や時代、状況、問題となっている分野、そして何よりも個人の考えによって変わる**と考えてください。

∴「筆者の思考」と「自分の思考」

入試の論説文も含め、私たちが目にする論説や文章は、「筆者の、プラス・マイナス」がすでにそこに表現されています。もちろんその「プラス・マイナス」は、自分の意見とは違うことがありますから、文章を読む場合には、まず「筆者は何をプラスと考え、何をマイナスと考えているのか」を見つけなければなりません。

・自らが思考する → **「プラス・マイナス」**を自分で考える

・自分の意見を書く
・論説文を読んで考える
・問題に解答する

まずは「**筆者のプラス・マイナス**」を判断する

この2つの切り分けができないと、「自分の意見にとらわれて、筆者の意見を見失う」「筆者の意見に流されて、思考できなくなる」ということが起こります。

入試問題に関して言えば、

1　筆者が考えていることを書く
2　筆者の意見をふまえて、あなたの考えを書く
3　あなたの考えを書く

というパターンで問われることが多いため、「筆者のプラス・マイナス」と、「自分のプラス・マイナス」を明確に区別しておかなければなりません。

たとえば筆者が「自然な生き方を取り戻すべきだ」と「自然をプラス」と表現しているけれども、自分は『科学技術との共存が大切だ」と「科学技術をプラス」と考えているなら、次のようにまとめることができます。

1　筆者が考えていることを書く　↓　「**自然をプラス**」と答える

2　筆者の意見をふまえて、あなたの考えを書く

↓「**筆者は自然をプラス**」と考えているが、「**自分は科学技術がプラス**」と答える

3　あなたの考えを書く　↓　「**科学技術がプラス**」と答える

自分の考えが筆者と同じときには、とくに注意が必要です。自分なりの何らかの意見を求められているのに、筆者の意見をなぞっただけのものを自分の意見として書いてしまい、点数に結びつかないことが起こるからです。

17 「ニスペワン」を使ってみよう

では、「ニスペワン」を使って、思考の練習をしていきましょう。

思考のヒントになるように、「理性と感情」に分けて次のページの図にキーワードをまとめました。理性を重視して考える際には、「科学」「現代人」「常識」「大人」「西洋医学」などの観点から発想していくとよいでしょう。感情（感性）を重視して考える場合は、「芸術」「昔の人」「自由な感性」「直感」「祈る」「子ども」などがキーワードになります。

１４９ページの問いを、「理性的に賛成」「理性的に反対」「感情的に賛成」「感情的に反対」という4つの方向から答えてみます。解答例を読む前に、みなさんもぜひ、自分なりの答えを考えてみてください。

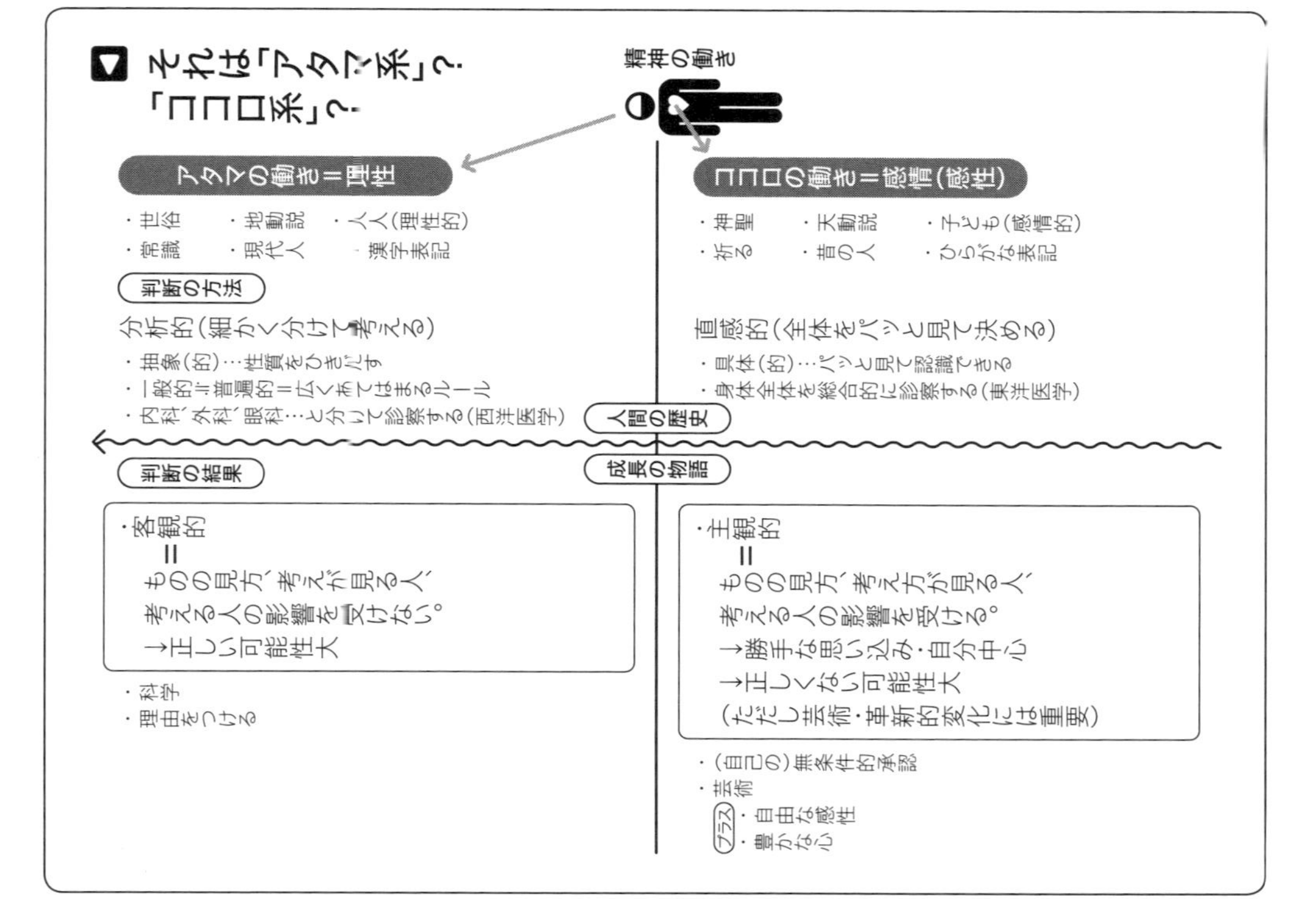
それは「アタマ系」？
「ココロ系」？
精神の働き
アタマの働き＝理性
・世俗　・地動説　・大人（理性的）
・常識　・現代人　・漢字表記
判断の方法
分析的（細かく分けて考える）
・抽象（的）…性質をひきだす
・一般的≒普遍的＝広くあてはまるルール
・内科、外科、眼科…と分けて診察する（西洋医学）
判断の結果
・客観的
＝
ものの見方、考えが見る人、
考える人の影響を受けない。
↓正しい可能性大
・科学
・理由をつける
ココロの働き＝感情（感性）
・神聖　・天動説　・子ども（感情的）
・祈る　・昔の人　・ひらがな表記
直感的（全体をパッと見て決める）
・具体（的）…パッと見て認識できる
・身体全体を総合的に診察する（東洋医学）
人間の歴史
成長の物語
・主観的
＝
ものの見方、考え方が見る人、
考える人の影響を受ける。
↓勝手な思い込み・自分中心
↓正しくない可能性大
（ただし芸術・革新的変化には重要）
・（自己の）無条件的承認
・芸術
プラス
・自由な感性
・豊かな心

問題 ロボットに心を持たせることに、賛成ですか、反対ですか。あなたの考えを書きなさい。

まずは、「理性的」な解答を賛成・反対の両方でつくってみましょう。68ページの「必要性」「許容性」の視点を持つと、考えの「きっかけ」がつかみやすくなります。

解答例 **「理性的に賛成」**

私たちは、ペットロボットや二次元の彼女などに、癒やされる生活を送っている。その癒やしの本質は相手との共感にあると考えられ、この点からするとロボットに心を持たせる必要があると言える。そしてそのようなロボットの脳は、電気で動いている。また、じつは私たち人間の脳もコンピューターと同じように電気で活動している。であるならば、電気で動くロボットが心を持つことは、不思議なことではない。すでにロボットが担う仕事は、コミュニケーション分野にも及んでいる。その主体であるロボットに、人間とうまくコミュニケーションをとれるような心をつくり出すことが、これからの科学技術に求められると考える。

解答例「**理性的に反対**」

ロボットは計算によって動く機械であり、私たちの生活を支える道具である。道具が意見を言い、勝手に行動するようになったとしたら、その意向を無視して人間が使用することはできなくなり、その結果ロボットとしての利用価値はなくなってしまう。つまり、ロボットが心を持つということは、ロボットの存在価値を否定する行為といえる。よってロボットに心は必要ない。

次に「感情的」な側面から思考を構築していきましょう。148ページの図を参考にして芸術的な観点や、昔の人の思考をヒントにしていきます。

解答例「**感情的に賛成**」

私たちは昔から、あらゆるものに命を感じてきた。たとえば武士の刀は道具以上のものであり、武士の魂(たましい)であった。武士は時に、その刀の想いによって突き動かされ、生かされ、殺されもした。このように道具は時に、人を左右するほどの命を持つことがある。ペットに心を感じるように、所有している自分がロボットに心を感じるのであれば、それはすでに存在していると考えてよい。よって、ロボットに心を持たせること、心があると考えることは不自然なことではない。

解答例 **「感情的に反対」**

さまざまなものが、ロボットで代用される時代になった。仕事を奪われた人もいるし、家族との時間を奪われた人もいる。しかし、ロボットに奪えないものがある。それが人間の心だ。私たちは小さな子どもを愛おしく思い、音楽に癒(い)やされ、絵画に心を奪われる。そんな繊細な人間の心は、ロボットに奪われてはならない。なぜならこの心こそが、人を人たらしめているものだからだ。

このように視点を決めて思考すれば、自分の本来の意見でなくても書くことができますし、自分本来の意見であればそれをさらに深めることができます。

∴ 最近の事件やニュースを考える

最近の事例で考えてみましょう。2020年2月末、新型コロナウイルスの感染拡大防止のために、政府から一斉休校の要請がでました。「何が正解か」について、みなさんも悩んだのではないでしょうか。

これを思考の練習の材料とし、「ニスペワン」を使って考えてみましょう。「理性と感情」という観点から答えをつくります。政策に対する賛成、反対はどちらでもかまいません。

問題 新型コロナウイルスの感染拡大防止のために、日本全国の学校が一斉に休校となりました。この措置(そち)について、あなたはどう考えますか?

まず、「理性的」な解答です。分析的に考え、客観的に正しいことに重きをおきます。科学の手法で考えるということです。ここでは政策に反対の立場をとっています。また91ページでご説明した「多様性」のものさし（波線部分）も使用しています。

解答例　**「理性的」**

感染した場合のリスクは、老人や基礎疾患を持つ人のほうが高いことがわかっていた。そのため、学校より老人施設や病院などの対策が優先されるべきだった。学校が突然休校になったことで、子どもを祖父母に預ける家庭も増え、結果的に老人を危険にさらすこととなった。また、全国一斉という方法は、地域による感染割合の差を無視したものであり、合理的な判断ではなかった。

次は「感情的」な解答です。こちらは政策には賛成の立場をとっています。数字や客観的事実を使うのではなく、心に訴えかける形になります。

解答例「**感情的**」

全国一斉に休校にすることで、多くの人がコロナ対策を「自分ごと」として考える契機となり、その後の自粛（じしゅく）を推進するきっかけとなった。将来を担う子どもは真っ先に守られるべき存在であり、子どもたちのあいだで感染を広げないということは必須（ひっす）である。そのための休校措置（そち）は当然のことだったし、実際に子どもたちに感染が広がらず、親も安心することができた。また、これを契機にオンライン授業が進むなど、学校教育の面でプラスの効果もあった。

「理性的」な解答は、数字や客観的事実をベースにして考えを深めたもの、「感情的」な解答は、人の気持ちをベースに考えたものとなっています。

このように「ニスペワン」の枠組みを使うと、考える際の大きな方向性が決まります。また「必要性」「許容性」（68ページ）、そして「多様性」（91ページ）という道具を使ってさらに意見を深めることもできます。

解答例「**理性的 ＋ 必要性・許容性**（波線部分）**＋ 多様性**（二重傍線部分）」

突然の一斉休校が本当に必要だったかというと疑問が残る。必要だと言うためには、一斉休校により感染リスクが下がるという事実がなければならない。しかし実際には、行き場を失った子どもたちは公園に集まって遊んだり、祖父母の家に預けられたりした。学童保育で1日を過ごした子も多い。それらの場所で感染防止策がきちんと取られたかといえば疑問だ。学校という秩序ある教育の場で、この感染症はどのようなものか、感染を防ぐにはどのようにすればよいのかということを、子どもたちに教育し、感染防止についての実習をさせたほうがよかったのではないか。また、全体の7・5%を占めるひとり親家庭や、特別支援学級に通う生徒の親にとって、突然の休校は許容できるものではなく、親子ともに困難を強いられることになった。判断の前に、各家庭が置かれているさまざまな立場をもっと考慮にいれれば、今回のような混乱は起こらなかったと考える。

このように、「二元論」をベースとした考えに、「思考の道具」をプラスすると、さらに深く思考することができるようになります。

18

「自己主張」「妥協と協調」という視点で世のなかを見る「二スペツー」

日本とは何か、日本人とは何かを考えたり、海外と比較したりするときには、**「多神教と一神教」**とよばれる図式が使えます。入試においても、「多神教（東洋）と一神教（西洋）」を軸とした「二元論スペシャル２」、略して「二スペツー」という図式に当てはめられる論説文は頻出(ひんしゅつ)。最近でも、平成31年の東大寺学園中、令和２年の渋谷幕張中などトップクラスの学校で相次いで出題されています。

「二スペツー」構造を、左の図を用いてご説明しておきましょう。

図の上は日本も含まれる「アジア」や「東洋」の「多神教の世界」です。自然の恵みが多い東洋では、それにより農耕社会が形成されます。「自然から与

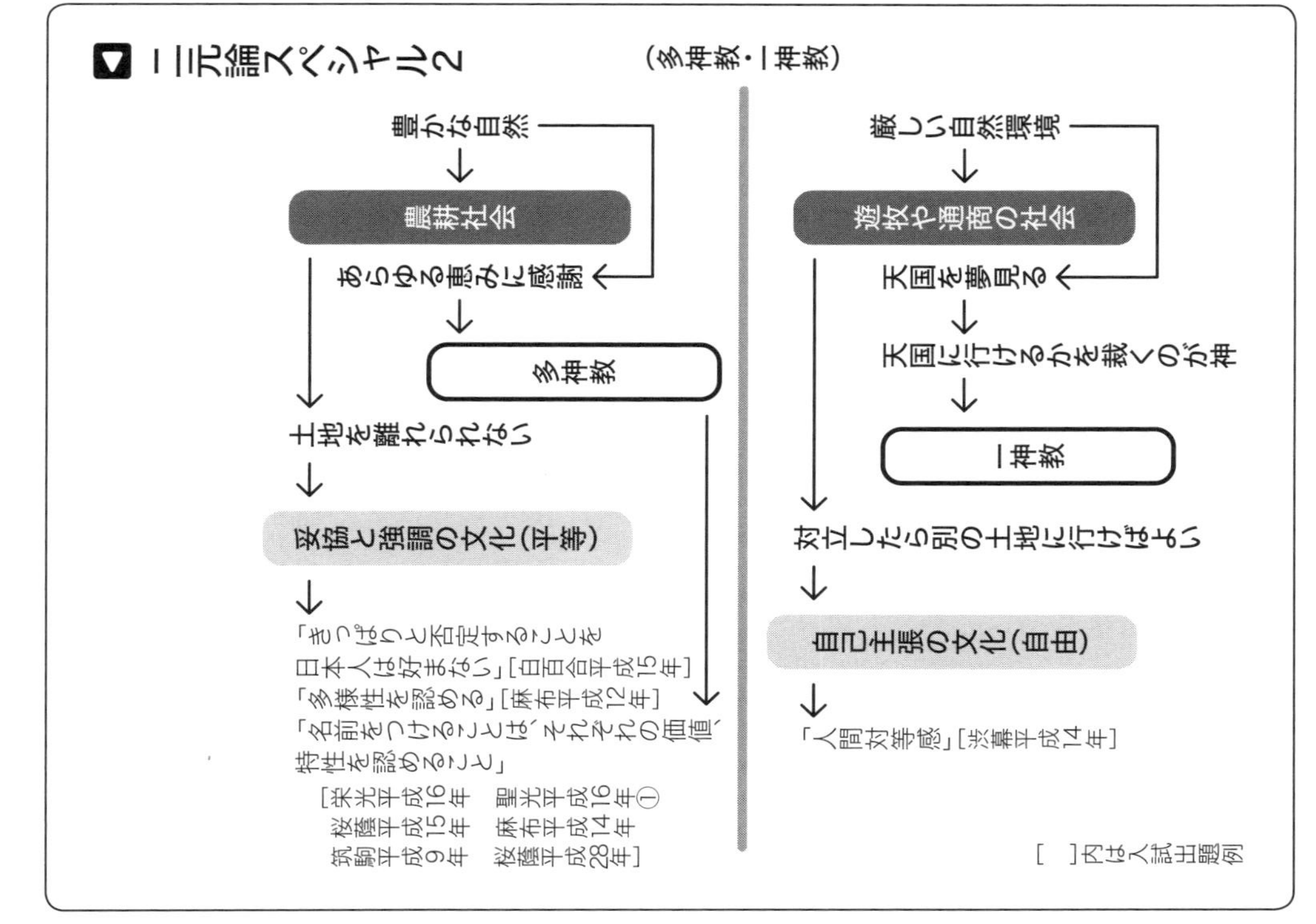
二元論スペシャル2
(多神教・一神教)
豊かな自然
農耕社会
あらゆる恵みに感謝
多神教
土地を離れられない
妥協と強調の文化(平等)
「きっぱりと否定することを日本人は好まない」[白百合平成15年]
「多様性を認める」[麻布平成12年]
「名前をつけることは、それぞれの価値、特性を認めること」
[栄光平成16年　聖光平成16年①
桜蔭平成15年　麻布平成14年
筑駒平成9年　桜蔭平成28年]
厳しい自然環境
遊牧や通商の社会
天国を夢見る
天国に行けるかを裁くのが神
一神教
対立したら別の土地に行けばよい
自己主張の文化(自由)
「人間対等感」[渋幕平成14年]
[　]内は入試出題例

えられる」という意識が強いため、山の神、海の神など、あらゆる自然の恵みに感謝して生きるようになります。これが「多神教」につながります。また、農耕社会で人びとは、その土地に根づくようになります。土地を離れられないために、人びとの集まりである共同体ができることになります。共同体のなかで生きていくために妥協（だきょう）や協調の文化が生まれます。ただし、**この妥協と協調の文化がいきすぎると「同調圧力」が強まり、個々人の基本的人権が侵害**されかねません。この点とくに注意が必要です。

いっぽう、図の下の「西洋」「イスラム・キリスト教圏」は、「一神教の世界」です。自然環境は厳しく、人びとはよりよい土地を求めて移動します。移動が前提のため、周囲の人に妥協する必要はありません。対立したら、移動すればいいからです。ここから自己主張の文化が生まれます。また、厳しい自然環境のなかで、人は来世に夢を抱くようになります。これを裁くのは唯一の神です。

海外と日本の比較をするときには、この図式が使えます。比較文化論に必須（ひっす）の構図です。

では、「二スペッツー」を使って、思考していきます。図をヒントに、「多神教と一神教」の文化圏に分けて考えてみます。多神教の世界を考える際には、「豊かな自然」「農耕社会」「土地を離れられない」「妥協と協調の文化」などがキーワードになります。一神教の世界で考えるときには、「厳しい自然環境」「遊牧」「通商」「自己主張の文化」などがキーワードです。

例題 アメリカは太平洋戦争後、日本の民主化を成功させました。いっぽうで、イラクの民主化は失敗に終わっています。その理由の一つに、日本とイラクの文化的背景があると言われますが、その理由を書きなさい。

このような問題にぶつかると、「現代史を知らないから解けない」と思ってしまいますが、じつは、このような文化を比較する問題であれば、「二スペッツー」をもとに推測してそれなりの答えが書けてしまいます。157ページの図を参考にして、答えを導き出しましょう。

解答例

土地を離れられないことに発する妥協と協調の文化のなかに生きる日本人は、民主主義という新しい体制にも次第に慣れ、うまく適応していくことができた。多神教のなかで培(つちか)われた多様性を認めることができる国民性も、新しい価値観に馴染(なじ)むのに役立った。いっぽう、イラクは唯一神アラーの神を祀(まつ)る一神教の国である。他の価値観を受け入れることが難しく、協調(きょうちょう)ではなく自己主張を是とする文化がある。イラク民主化の失敗は、このような国民の文化的背景に因るところが大きい。

このように「二スペツー」の図式を使えば、それなりのことは書けてしまいます。もちろん厳密な議論のためには、事実関係を調査確認する「ファクトチェック」が必要ですが、その方向性の見当をつけるためにも「二スペツー」の図式は有益です。ちなみにこの解答では、91ページでご説明した「多様性」という道具も使っています。

もう1問、練習をしてみましょう。

問題 東洋的な時間感覚と西洋的な時間感覚は違うと言われています。どのような違いがあると考えますか。具体例をあげてあなたの考えを書きなさい。

こちらも、157ページの図を参考にして答えを組み立てていきましょう。

解答例

豊かな自然のなかに住む日本人の時間感覚は、四季に根ざしている。「厳しい冬の後には、暖かな春がくる」という意識が、時間は円環(えんかん)的に巡るという感覚をもたらす。また、春という「新しいスタート」が用意されているという感覚は、地震や為政者の交代をきっかけに元号を変えて一からスタートするところにも見られる。いっぽう厳しい自然環境のなかで、遊牧や通商を生業(なりわい)としてきた西洋社会では、時間は直線的に流れていく。人の一生も「最後は神の裁きを受ける」という一点に向かっている。西暦もキリスト誕生からスタートし、その数字が元に戻ることはない。両者には円環的と直線的という違いがある。

キーワードは、「四季」「元号」「神の裁き」「西暦」です。ちなみにこのようなテーマに関する問題は、東京大学の現代文や日本史、桜蔭(おういん)中の国語の入試問題として出されています。

このように「二スペワン」「二スペツー」の枠組みを使えば、かなりの入試問題に対応することができますし、**私たちが日々直面する問題を思考するための手がかりとすることもできます**。入試問題に限って言えば、国語にも歴史にも応用可能です。ぜひ、使いこなせるように練習をしてみてください。

また、海外の人びととつき合う際に、こういったベースの知識があると、相手への理解を深めることができます。西洋人の自己主張が強い理由がわかるだけで、少し気持ちが楽になるかもしれませんし、自分がなかなか自己主張できない理由がわかり、あるべき自分に近づく手がかりが見つけられるかもしれません。

19

「はじめに」の問題を「ニスペ」で答える

最後に「はじめに」に掲載した桜修館(おうしゅうかん)中の問題を「ニスペ」を使って答えてみましょう。問題を見ると「知性(→アタマ)」「俳句(→ココロ)」という語句が入っており、「理性と感情」で答えることができそうなので「ニスペワン」を使います。

この枠組みを使えば、ほとんど何の手がかりもないように思われたあの問題も、解答のきっかけを得ることができます。

次の文章A・文章Bを読んで、あとの問題に答えなさい。

文章A

わかろうとあせったり、意味を考えめぐらしたりなどしても、味は出てくるものではない。だから早く飲み込もうとせずに、ゆっくりと舌の上でころがしていればよいのである。そのうちに、おのずから湧然として味がわかってくる。

（和辻哲郎「露伴先生の思い出」による）

文章B

大事なことは、困難な問題に直面したときに、すぐに結論を出さないで、問題が自分のなかで立体的に見えてくるまでいわば潜水しつづけるということなのだ。それが、知性に肺活量をつけるということだ。

（鷲田清一「わかりやすいはわかりにくい？──臨床哲学講座」による）

〈言葉の説明〉　湧然……水などがわき出る様子。

右の文章Aは明治から昭和にかけて活やくした哲学者・和辻哲郎が、小説家

幸田露伴との思い出について書いた文章の一部分で、師である幸田露伴から学んだ、俳句を楽しむときの心構えを述べたものです。**文章B**は現代の哲学者・鷲田清一が、知性について書いた文章の一部分で、物事を考えたり判断したりするときの心構えを述べたものです。

この二つの文章は、同じようなことを述べていますが、その中には、ちがいもあります。あなたはこの二つの文章の共通する点と、異なる点を、どのように読み取りましたか。解答らん①には、物事に向き合うときの心構えについて共通する点を、二十字以上、四十字以内で分かりやすく書きましょう。解答らん②には、それぞれの筆者が伝えたいことについて異なる点を、「Aは……。」、段落をかえて「Bは……。」という構成で、全体で百四十字以上、百六十字以内で分かりやすく書きましょう。

また、この二つの文章を読んで、あなたはどのようなことを考えましたか。解答らん③に、あなたの考えを、いくつかの段落に分けて、四百字以上、五百字以内で分かりやすく書きましょう。

（都立桜修館中学教育学校　令和元年　適性検査Ⅰ・改変）

解答例

〔文章A・Bの共通点〕

物事の答えはすぐに出すのではなく、一定期間自分のなかにとどめておくべきだという点。

〔文章A・Bで作者が伝えたいことについて異なる点〕

Aは、芸術を鑑賞するときの「受け身の心の動き」について述べている。受容する側として、豊かな解釈にいたるために「待つことの大切さ」が述べられている。

Bは、思考するときの「能動的な態度」について述べている。納得できる結論を出すために「問題を客観視できるまで時間をかけて、理性的に考える」ことが必要だとしている。

波線部分は「感情」、傍線部分は「理性」のキーワードを使っています。また、異なる点はわかりやすいように「　」でくくりました。

解答例

早いことはいいことだと考えてきた。算数では計算を、国語では感想を早く仕上げるトレーニングをしてきたし、疑問があれば、インターネットですぐに答えを見つけてきた。

しかし、このA、Bの文章は、そのような「何でも早く」という態度に疑問を呈している。私たちは芸術の鑑賞でさえも、パンフレットを読んでわかったような気になって、さっさと終わらせているのかもしれない。このような態度では、「心が動く」暇がない。豊かな感性を持つ私たち子どもの心は、もっと余裕があれば、きっとさまざまなことを感じることができるのだろう。また、答えをすぐにインターネットに求めることで、「思考すること」自体を放棄しているのではないか。すぐに答えが得られなかった時代、私たちは疑問を持ち続けることができた。そこからきっと、さまざまな発見が生まれたにちがいない。「わかったつもり」になってしまったら、学問の進化はなくなってしまうだろう。

ぼんやりしている暇はないと思ってきたが、そうではなかった。豊かな心と深い思想ができる頭を育てるためには、絵画の前ではぼんやり立ち尽くし、また本を手にしたときには、時間をかけて問題を分析して考えることが大切なのだ、と考える。

同じように、波線部分は「感情」のキーワード、傍線部分は「理性」のキーワードです。この解答例は、「二元的に早いことがよしとされる現代社会に対して、理性的分野、感情（感性）的分野に分けて、その分野でのあるべき姿について」まとめています。このように「理性と感情」の二項対立で文章を仕上げるとうまくいきます。ちなみに同じテーマの問題は、慶應志木高校や京都大学でも出題されています。慶應志木高校の問題では、「短歌はアタマ系、俳句はココロ系」という視点が求められていました。

二元論の図式が頭に入っていれば、そのキーワードを使って解答を書くことができますから、まずはこの図式を理解して記憶することから始めてください。

思考する際には**「いつもこころに二元論」**を忘れずに。

第3章

思考のアウトプットにはコツがある

1 思考をアウトプットするために

第1章では、思考の前提として情報を精査するためにどうすればいいか、第2章では思考するための道具とその使い方を通じて、いかに思考の手がかり、きっかけを得て、それを深めていくかについてご説明してきました。第3章ではさらに進んで、どのように思考をアウトプットするかについてご説明します。

アウトプットは、思考することそれ自体と同じくらい大切なことです。なぜなら、頭のなかで考えたことがどれほど素晴らしくても、**それを外に出さなければ、その考えを人に伝えることも、残すこともできない**からです。

司馬遼太郎は、平安時代の僧で天台宗の開祖である最澄と、会津の法相学者である徳一（とくいつ）との12年にわたる論争について、次のように語っています。

「この論争は、口頭だったさきの論争とはちがい、文章に拠（よ）るものだったことが日本文化に益した。文章であればこそ、その大要が後世にまでのこったわけだし、そのおかげで最澄の思想を、論理と修辞をふくめて知ることができるのである。」

（『街道をゆく33　白河・会津のみち、赤坂散歩』朝日新聞出版）

思考は文章という形に残してこそ、生きるのです。せっかく考えを深めても、それを形にしなければ、**「思考していないこと」と同じ**と見なされても仕方ありません。また書くことは、頭のなかでぼんやりとしている思考を整理することにもなります。そういった意味では、書くこと自体が思考することであると言ってもいいかもしれません。

2

短い文で書けば、伝わる文章が書ける

記述問題の解答を書くとき、子どもたちは無意識のうちに「長い文」を書こうとします。しかし、このことが自分の足を引っ張ることが多いのです。ですから子どもたちには、記述問題の対策として一番に、

「短い文でいい」

ということを伝えています。多少たどたどしくてもいいのです。意味が伝わらなかったり、意味がわからなくなったりしてしまう文章より、そのほうがずっといいからです。

また、「短い文でいい」と思えば、「書くのが苦手」と言っている子どもでも

けっこう書けてしまうものなのです。中学校受験の子どもというのは、まだ11歳か12歳。日本語の文章を書き始めて数年の、いわば「初心者」です。長い文を書くということは、英語初心者に関係代名詞を使って文章を書かせるようなもの。けっこう難しいですよね。

試しに、英語学習歴、数年～数十年のみなさんに問題です。「私は、とても速く走っている男の子を見た」という意味の英語の文をつくってください。いかがでしょうか？　ぱっとは思い浮かばないかもしれません。でも、「私は男の子を見た。彼はとても速く走っていた」なら簡単に書けそうではないですか？

I saw a boy.（私は男の子を見た）

He was running really fast.（彼はとても速く走っていた）

ちなみに関係代名詞を使った長い文は、次のようになります。

I saw a boy who was running really fast.

（私はとても速く走っている男の子を見た）

後者のほうが英語としては自然ですが、前者の短い2文でも意味はきちんと伝わります。長い文を書こうとすると、日本語においても文法をまちがえる可能性が高くなりますし、書いている途中にわからなくなってしまう子も多い。主語と述語が対応しないということも頻発(ひんぱつ)します。であれば、気持ちを楽にして、**短い文をつなげていけばいい**のです。実際に「短い文でいい」と知ることで、書くことへのプレッシャーが減って書けるようになる子が大勢います。

短い文で書くためには、指示語や接続語を意識することが大切です。次の長い文を、指示語や接続語を使って、短い文に書き換えてみましょう。

長い文

去年完成した素敵な遊園地には、新しいアトラクションがたくさんある。

短い文＋指示語

去年素敵な遊園地が完成した。そこには、新しいアトラクションがたくさんある。

短い文＋接続語

去年素敵な遊園地が完成した。そして、新しいアトラクションがたくさんある。

短い文にすることで、多少たどたどしくなっても問題ありません。まずは書き始めること、書くことへのプレッシャーを減らすことが大切なのです。

∴意味上の主語をそろえる

短い文を書くメリットには、意味上の主語がそろうようになる、ということもあります。長い文を書いていると、書き始めたときと主語がずれてしまったり、中盤の文の主語を省略したために意味が通じなかったりすることが起こります。

例として、ある物語の一場面を要約した次の文を見てみましょう。長い文を書いたために、意味がわからなくなっています。物語の内容は、次の通りです。おばさんが、子どもたちにむかって、「足が不自由なあの子と遊んではいけない。何かあったら君たちの責任になるから」と注意をします。それに対して主人公が「なんでそんなこと言うんですか？」とおばさんを責めると、おばさんはバツが悪くなって立ち去ります。主人公がおばさんを責めたのは、その発言に差別的な響きを感じたからです。

主語が不明の長い文

素直に応じるだろうと思っていたが、差別をしているということがわかり、予想していたこととはまるっきりちがうことを言ったので、あわててしまった。

これを書いた生徒自身は内容をとらえているのですが、主語が明示されていないため、読み手はこの文の意味をつかむことができません。まずは主語を補って書いてみましょう。同じ種類の線同士が主語・述語関係にあります。

主語を補った文

おばさんは、子どもたちが素直に応じるだろうと思っていたが、おばさんが差別をしているということがわかった主人公が、おばさんが予想していたこととはまるっきりちがうことを言ったので、おばさんは　あわててしまった。

しかし、このように長い文にたくさんの主語・述語関係があると、意味を取りにくくなってしまいます。そこでこの1文を、4つの短い文にします。

主語を補った短い文

おばさんは、子どもたちが素直に応じるだろうと思っていた。しかし、主人公はおばさんが差別をしているということがわかった。そのため、主人公はおばさんが予想していたこととはまるっきりちがうことを言った。それで、おばさんは　あわててしまった。

日本語は主語を省略することが多いので、このように主語をきっちり入れた文を書くと、しつこく感じてしまいます。しかし、入試の解答においてはそれでOKです。美しい文であることよりも、採点者に意味がきちんと伝わる文であることを、優先すべきだからです。

ふだんのくせで、無意識に主語を省略していることがあるので、書いた文章は必ず読み返し、**「主語と述語が対応しているか」「意味上の主語はそろっているか」**を確認しましょう。自分が文章をアウトプットする立場になったら、しつこく感じても主語を入れる。誤解されたり、誤読されたりするよりはそのほうがずっといいからです。美文の追求は、アウトプットに慣れてからでも遅くありません。

3 ポイントはうしろ

日本語は主語の省略が可能な言語です。そして英語の「S・V」のように、主語のすぐ後に動詞がくるのではなく、主語と述語のあいだに多くの修飾語句が入る言語です。**「ポイントはうしろ」**。そのように意識することで意図をうまく表現できるのです。

そのため、1〜3文の短い文章を書くときでも、**一番大切な内容は最後に持ってくる**ようにしなければなりません。そうすることで読み手は、最後にきた内容が大切だということがわかります。これを逆にしてしまうと、まちがって解釈されることがあります。例で確認していきましょう。

例題

「修、約束のユニフォームだよ」

母はにこやかに笑いながら、手にした黒い布地のものを拡げた。修は目を剝いた。母の手には真っ黒な色の野球のユニフォームが吊されていた。修は目を何度もこすった。たしかに夢にまで見たユニフォームだった。ただし白地の布で作ったものではなく、黒地に白の線が入ったユニフォームだった。

「気に入ったかい？」

「う、うん」修はうなずいた。欲しかったのは白地のユニフォームだが、ユニフォームに変わりはない。

（森詠『オサムの朝』より）

問題 傍線部「う、うん」には「修」のどのような気持ちが表れていますか。

（筑波大学附属駒場中学校　国語　平成12年・改変）

「う、うん」と言っているので、「残念な気持ち」がポイントとなります。正答例の前に、ポイントが前の解答例を見てみましょう。

ポイントが前の解答例

ユニフォームの色が白でないことを少し残念に思っているが、欲しかったユニフォームが手に入ってうれしいという気持ち。

この解答を読んだみなさんは、どう感じたでしょうか。きっと「修は喜んだ」と解釈したはずです。日本語ではうしろにある部分に重きをおくからです。そこで、次のように修正します。

ポイントがうしろの解答例（正答例）

欲しかったユニフォームが手に入ってうれしいとは思っているが、ユニフォームの色が白でないことを少し残念に思っている。

このように、日本語ではポイントをうしろに置くことが大切です。1文でも、複数の文でも、「ポイントはうしろ」と覚えておきましょう。

∴ メールでも注意！　同じ文章でも、印象が変わる

私たちは最後に書かれたことが、相手の真意だと理解する傾向があります。そのため、メールなどの文章においても、その順番に気をつけなければなりません。たとえば、風邪で会社を休んでいた部下を気遣いつつ、締め切り（し）を知らせるメールを送るとします。左の２つのメールの印象を比べてください。

いかがでしょうか。同じ内容ですが、**【メール２】**のほうが優しい印象を与えるのではないでしょうか。**【メール１】**では、受け取るほうは「無理するなと言っているのに、原稿を催促（さいそく）している」と感じてしまいます。いっぽう**【メール２】**は、「締め切りはあるけど、無理をしないように」と言われていると感じます。同じ内容なのに、順番を変えるだけでこれだけ印象が違ってきます。

相手を気遣うのであれば、**気遣いを示す文章を最後に持っていったほうがいいのです**。私は妻へのメールでも実践しています。おすすめです。

【メール1】 思いやりが前

鈴木さん

出社できてよかったです。
まだあまり無理をしないようにお気をつけください。

さて、先日の原稿の締め切りですが、
明後日の11日となっています。
忘れずに提出してください。よろしくお願いします。

西川

【メール2】 思いやりがうしろ

鈴木さん

先日の原稿の締め切りですが、明後日の11日となっています。
忘れずに提出してください。よろしくお願いします。

出社できてよかったです。
まだあまり無理をしないようにお気をつけください。

西川

4

記述のヒント　具体的から抽象的へ

少し長い文章を書くときには、次の2つの要素を入れていきます。

・**「具体的な内容」**
・**「抽象的な内容」**

どちらか片方だけでは、説得力のある文章を書くことは困難です。抽象的な内容だけで文章を仕上げてしまうと、読者が実感を持てる文章にはなりません。日記以外の文章は、読み手のことを念頭に置き、読み手が心の底から理解できるように書くことが大切です。そのために必要なのが、具体的な内容です。

「具体的な内容」と「抽象的な内容」は、**「具体→抽象」**という流れで書いていきます。具体的な事柄をあげた後、まとめとして抽象的な内容で締めると、日本語の文章として自然な流れをつくることができます。短い文と同じく、ここでも**「ポイントはうしろ」**です。

例題で見ていきましょう。

例題

2020年7月からスーパーやコンビニにおいて、レジ袋が有料化されました。このことについて、あなたの考えを書きなさい。

まずゴールを決めます。ここでは「レジ袋の有料化はプラス」という方向で文章を書いていくことにします。次に、そのための具体例をいくつかピックアップします。

具体的な内容

・ウミガメなどの生物がプラスチックゴミの犠牲になっていること。
・海で分解されたマイクロプラスチックが問題となっていること。
・プラスチックのストローがなくなっても、困らなかったこと。

抽象的な内容

・地球環境と私たちの健康を守るため。
・持続可能な社会をつくるため。

解答例

最近、プラスチックのストローを見なくなった。コンビニのアイスコーヒーは、直接飲む形にいつのまにか変わっていた。このようなプラスチックを減らす動きは、世界的な規模で進んでいる。それはなぜか。ウミガメなど海の生物の内臓から、餌とまちがえて食べたプラスチックゴミがたくさん見つかっており、それをなくす必要があるからだ。それだけでなく、海で分解されて小さくなったマイクロプラスチックが、小さな魚にも摂取(せっしゅ)されていることがわかってきており、それを防ぐ必要があるからでもある。このような魚に取り込まれた小さなプラスチックは巡り巡って、魚を食べる私たちが摂取することになる。プラスチックゴミによる海の汚染を止めるために、レジ袋の有料化は役に立つ。使用量が減れば、ゴミも減るからだ。レジ袋の有料化は、地球環境と私たちの健康を守り、持続可能な社会をつくるために、私たちが今すぐできることなのだ。

具体的な内容を最初に3つあげ（傍線部分）、最後に抽象的な内容でまとめています（波線部分）。意見を述べるときには、このように「**具体 → 抽象**」の流れにすると、すっきりとしたわかりやすい文章になります。

また、アイディアが思いつかないときには、できるだけたくさん具体例を列挙していくと、思考の手がかりを得ることができます。試験問題で時間がないときなどは、具体例を使って書き始めると、自ずと結論が見えてくるものです。いきなり抽象的な思考をするのは難しくても、具体例ならずっと出しやすいはずです。

このように、**具体的な事柄から一般的な理論に持ち込む思考法は「帰納法」**とよばれます。

∵ 抽象論だらけの文章に注意！

私がしつこく生徒に「具から抽！」と伝えているのは、抽象論だけを展開する生徒が一定数いるからです。とくに東大をめざすような子は、抽象論を操ることが得意で、それだけで解答を仕上げてきたりします。一見よさそうな文に見えるのですが、読んでもすっきりと頭に入ってきません。読み手が実感を持てず、納得度が低いのです。読み手を納得させられない文章は、いい文章とはいえません。

先ほどの「レジ袋の有料化をどう考えるか」について、抽象論だけで展開した解答を、参考のために見ていきましょう。

抽象論だけの解答例

海は生物多様性の宝庫である。さまざまな生物が、海のなかに暮らしている。その海の自然が、プラスチックゴミによって失われようとしている。このように海の汚染が進めば、水産資源の豊かさが失われるだけでなく、絶滅(ぜつめつ)の危機にある生物の存続も危うくなるだろう。魚を消費する私たちは、この問題に無関係ではない。自然の破壊はあっという間だが、回復には気の遠くなるような時間がかかる。美しい海を未来へと引き継ぐために、今の私たちができることをしていかなければならない。レジ袋の有料化は、海を守り持続可能な社会を実現することに貢献(こうけん)するはずだ。

まちがってはいないものの、「書いている人の顔が見えない」文章になっています。訴えかける力が弱い、うわべだけの文章です。これではいけません。ある程度の長さの文章を書くときには、「具から抽!」を意識して、読者に伝わる文章に仕上げていきましょう。

5

記述のヒント　抽象的な決め言葉から、具体的内容を考える

前項でご説明したように、基本的には「具から抽！」というルールで、思考を深めていけばいいのですが、それではなかなか文章を書き始められないときもあります。とくに時間制限がある試験では大変です。そんなときに使えるのが、次のページに示した「まとめの決め言葉」です。

まずこれらの言葉のなかから、自分の結論を決定します。そしてその結論に至る具体例を考えていくのです。このように、**抽象的な事柄から、具体的な思考へ導く方法は「演繹法（えんえきほう）」**とよばれます。

またこの方法は、第1章の最初にお話しした『疑う力』にも通じます。「それが正しかったら、何が起きるか？」と結論から考え、具体例を頭のなかに見つけていきます。

◀まとめの決め言葉

【A】

・芸術、子ども、社会の活性化がテーマ

↓

ココロ系⊕

「常識にしばられない、心の自由さを持ち」「自由で素直な心を持ち」

「世界を新鮮に感じて」「豊かな感性を持ち」

【B】

・公的な事柄がテーマ（とくに政治家、指導者の判断は、こうあるべき）

↓

理性⊕　感情⊖

「私的な感情にとらわれずに」「道理にもとづいて」

「論理的に考え」

↓

分析的⊕　直感的⊖

「全体を一律に決めるのではなく」「対象を分析して」

「それぞれの価値や特性に合わせて」

↓

客観的 ⊕ 主観的 ⊖

「自己中心的な判断にならぬよう」「公平性を確保し」

「特定の立場にとらわれず」

↓

多様性 ⊕

「実情に即した形で」「事態の特殊性に合わせて」

「それぞれの価値や特性を認めて」

先ほどと同じ「レジ袋の有料化をどう考えるか」の問題を考えてみましょう。

例題

２０２０年７月からスーパーやコンビニにおいて、レジ袋が有料化されました。このことについて、あなたの考えを書きなさい。

まずゴールを決めます。ここでも「レジ袋の有料化はプラス」という方向で文章を書いていくことにします。次に、まとめの決め言葉のなかから結論にできそうなものを選びます。「公的な事柄」と考え先述した【B】のなかから選びます。ここでは「特定の立場にとらわれず」を使って思考を深めていきましょう。

抽象的結論

私たちは、特定の立場にとらわれずに、レジ袋の有料化を進めていくことが大切だ。

この結論に当てはまりそうな具体例を考えていきます。「特定の立場にとらわれないことが大切」だとしたら、どんなことが言えるかを考えます。

具体的な内容

・消費者と事業者が連携（れんけい）し合う　・利用料で生分解（せいぶんかい）プラスチックを応援する
・日本だけでなく、世界という枠組みで考える

解答例

海を守るために、私たちにできることはたくさんある。その一歩がレジ袋の有料化だ。これは消費者である私たちと、事業者が連携すれば、大きな効果を生み出すことができる。たとえば、有料化で得た資金を、自然界で分解される「生分解プラスチック」の研究や開発に使うのはどうだろう。そうすることで、消費者も環境適合性の高いプラスチックの開発に貢献(こうけん)できる。

たしかに、これまで当たり前のように無料で利用できたレジ袋がもらえないのは、不便に感じるだろう。しかし、私たち一人ひとりがたんなる消費者という立場にとらわれないことが大切だ。私たちは消費者である以前に、地球市民の一員なのだ。そういった意識を持って、レジ袋の有料化を進めていくことが大切だ。

抽象的な内容(波線部分)から、具体例(傍線部分)を導きだしました。このように、結論を決めてから「その結論に至るには、どんな内容がくるべきか」と演繹(えんえき)的に具体例を考えるのも一つの方法です。

6

因果関係に注意する

文を書くときに注意したいのが、因果関係です。論理的な文章を書くためには、因果関係がしっかりしていなければなりません。因果関係とは、

「原因 → 結果」
「理由 → 結論」

のように「AだからB」という文章の構造です。厳密でなくても、読んでいる人が「AだからB」だと納得できることが大切です。たとえば、次のような文です。

「必死になって勉強した（A）から、合格した（B）。」

合格したかどうかは、時の運もありますし、応募者が少なかったからかもしれません。しかし、「AだからB」だと100％証明できなくても、**そう考えるのが相当だ、ふつうはそうなる**、とみることができればOKです（法律の世界の相当因果関係の簡易版です）。

因果関係を示すための語句には、次のページのものがあります。

これらの語句を覚えておくと、論理的な文章を書くときに便利に使うことができます。たとえば「レジ袋を有料化したので、プラスチックゴミが減った」という文は、因果関係を示す語句（細かく言えば接続助詞）を使って因果関係がしっかりと示されているので、読んでいる側も理解しやすいのです。

文章を書いていると、はっきりと因果関係があると言えない場合もでてきます。因果関係があると断定はできないけれどつながりがある、という場合です。

◀因果関係を見つけるためのキーワード

「〜ので」　勉強したので、合格した。
「〜だから」　勉強したから、合格した。
「〜したら」　勉強したら、合格する。
「〜すれば」　勉強すれば、合格する。
「〜して」　猛勉強して、合格した。
「〜によって」　猛勉強によって、合格できた。
「〜ため」　精一杯勉強したため、合格できた。
「〜による」　合格するかは、「きちんと勉強するか否か」による。
「〜のおかげで」　先生のおかげで、合格できた。
「〜次第（で決まる）」　合格は、努力次第。
「〜と」　合格すると、通知が届く。
「〜だとすれば」　合格だとすれば、通知が届く。

そんなときは

「〜をきっかけに」

という言葉が便利です。

たとえば、「ウミガメの体内からプラスチックゴミが見つかったことをきっかけに、プラスチックゴミを削減する運動につながった」、「その冤罪事件をきっかけに、刑事訴訟法改正の機運が高まった」という文章です。「ウミガメの惨状」と「ゴミの減少」、「冤罪事件」と「刑事訴訟法改正」に明確な因果関係はないかもしれませんが、なんらかのつながりはあると考えられる場合に「〜をきっかけに」という言い方が使えます。

これはかなり便利に使えるとみえて、子どもたちにも好評です。因果関係があるかどうかに自信がもてないときには、「〜をきっかけに」を使ってみてください。

7

真ん中を省略しない

前項の因果関係では「一文のなか」や「一文と一文」の論理的なつながりについて考えました。本項ではそれよりも長い、いわば「文章」のなかでの論理的つながりについて考えます。

生徒の答案を見ていると、よく「真ん中が抜けている」ものを目にします。

三段論法を使ってご説明してみましょう。

「A → B　AはBである。（カブトムシは、昆虫である）」
「B → C　BはCである。（昆虫には、6本の足がある）」
「A → C　AはCである。（カブトムシには、6本の足がある）」

これが、簡単な形にして私が生徒たちに教えている三段論法です。生徒たちはよく、この「B→C　BはCである。」という部分を抜かして解答を仕上げてしまいます。このように真ん中を抜いてしまうと、意味がうまくつながらなかったり、文章の説得力がなくなったりしてしまいますから、注意が必要です。

これを確認するためには、

「Cがすぐ思い浮かぶような、Bの要素が入っているか？」

を考えるようにするとうまくいきます。Cの結論に導くための「中間項Bは何か」を考えるのです。たとえば「6本の足」というのは昆虫の特徴です。ですから「カブトムシには、6本の足がある」という結論に至るために、「昆虫には、6本の足がある」という要素が入っていると因果関係がつながり、説得力が増すのです。

先の「レジ袋の有料化をどう考えるか」でいえば、「レジ袋を有料化すべき

（C）」という結論に導くための要素（中間項B）が文章にきちんと入っているかということです。まず、186ページの解答例の中間項を抜いて読んで見ましょう。

中間項Bがない解答

（前略）海で分解されて小さくなったマイクロプラスチックが、小さな魚にも摂取（せっしゅ）されていることがわかってきており、それを防ぐ必要があるからでもある。このような魚に取り込まれた小さなプラスチックは巡り巡って、魚を食べる私たちが摂取することになる。レジ袋の有料化は、地球環境と私たちの健康を守り、持続可能な社会をつくるために、私たちが今すぐできることなのだ。

この文章だと結論が唐突（とうとつ）に感じるはずです。ここに、中間項Bである「プラスチックゴミによる海の汚染を止めるために、レジ袋の有料化は役に立つ。使用量が減れば、ゴミも減るからだ。」を戻すと、「ああ、だからか」と納得しやすくなります。

中間項Bがある解答

（前略）海で分解されて小さくなったマイクロプラスチックが、小さな魚にも摂取(せっしゅ)されていることがわかってきており、それを防ぐ必要があるからでもある。このような魚に取り込まれた小さなプラスチックは巡り巡って、魚を食べる私たちが摂取することになる。プラスチックゴミによる海の汚染を止めるために、レジ袋の有料化は役に立つ。使用量が減れば、ゴミも減るからだ。レジ袋の有料化は、地球環境と私たちの健康を守り、持続可能な社会をつくるために、私たちが今すぐできることなのだ。

「有料化によってレジ袋の使用量を減らし、ゴミを減らして海の汚染を止める」という中間項Bが入ると、「地球環境と私たちの健康を守り、持続可能な社会をつくる」という結論に、スッキリつながります。

頭でわかっていると、つい説明を省略してしまうことがあります。解答をつくる際には、ちょっとしつこいように思えてもあえて説明するくらいのほうが、読み手にとって納得しやすいものになるのです。

8 誤解を与えないことを第一として

第3章でご説明してきたように文章を書いていけば、相手に誤解を与えることにはなりません。ただ、日本語としてはいささか美しさに欠けます。なぜなら、1文1文が短く、あえて主語を明示し、因果関係に沿った、かっちりとした文章になっているからです。

試験の答案を含め、読み手に何かを伝える文章を書くときには、「ふだんの日本語とは違う」という意識を持っておきましょう。美的ではないかもしれませんが、**誤解されるよりよっぽどいい**、と私は思います。

また、短い文を使ったり、具体例を先に考えたりすることで、アイディアが湧いてくるようになります。書けずに手が止まってしまう、試験の現場であれば「不合格確定」というような、最悪な状況を防ぐことにもつながるのです。そういったリスクを回避するために、ぜひ第3章の**思考をアウトプットする道具**を使ってください。

次のページに載せた写真は、私の教室から桜蔭中に合格し、その後国立大の医学部に進学したある生徒のメモです。この生徒は問題文を読む前に、ここでご紹介した「思考の道具」、「アウトプットの道具」を一覧で書き出すことを習慣にしていました。実際に解答するときに、道具を使うことを忘れないためです。

「はじめに」でご説明したように、思考力が必要とされる問題に、手ぶらでは太刀打ちできません。その手に「思考の道具」が必要なのです。この生徒は、いつもロールプレイングゲームさながら、**自分が今持っている道具を可視化**してから、解答をスタートしていました。みなさんもぜひ、ここでご紹介した道具を手に、思考の冒険へと進んでください。

●ある生徒のメモ

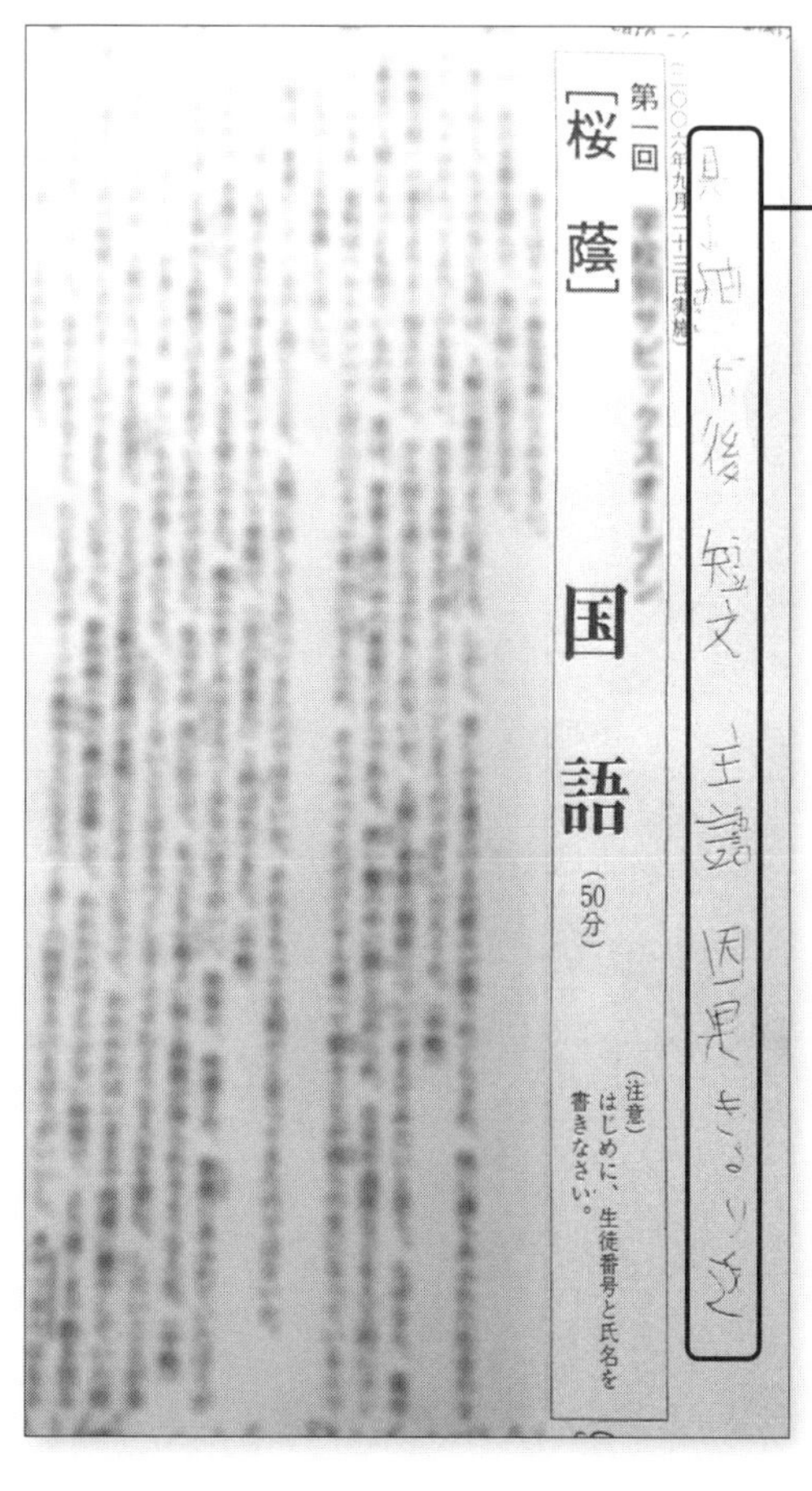
(二〇〇六年九月二十三日実施)

第一回

[桜蔭]

国語

(50分)

(注意)
はじめに、生徒番号と氏名を書きなさい。

「思考の道具」「アウトプットの道具」を書き出すことでつねに意識できる。

あとがき

──全試験対応とは──GMAT、医師の国試にも有効です

「善方先生、この『疑う力』は、GMATにもバンバン使えますよ。」いつも授業に参加している、東大→国交省→大手商社の経歴を持つ、生徒のお父様から発せられたこの言葉をきっかけに、私は「学校の入試以外の試験でも本書のノウハウが使えるのではないか」と考え、その内容を調べ始めました。

まずはこのGMATです。GMATとはMBA（経営管理学修士）取得にあたり、ビジネス・スクールに入学するために要求される試験のこと。この試験のなかのCritical Reasoning（論証）問題で本書のノウハウが使えるということで、さっそく調べてみました。それでわかった本書にある、この試験に使える視点は、次のようなものです。

①ベン図（44ページ）を意識して「議論の領域外」の選択肢を外す。
②因果関係（195ページ）の有無を「相当性」で判断する。
③微妙な選択肢は『疑う力』（28ページ）を使って「もしこれが正しいなら、～となるはず」と推論し、選択肢の意味を明らかにする。

次は、理系の試験の最高峰とも言える医師の国家試験も調べてみました。この試験の問題については、医師会員からの「公募」が行われていて、その問題作成マニュアルが公開されています。そのマニュアルを調べてみると、問題を解くのに必要な知的能力のレベルによって問題が3つの型に分類されています。そしてそのなかで情報の「意味を解釈する」過程を2回経ないと解答できない問題の型が、「臨床問題」として最も望ましいとされていました。

『疑う力』は、この「意味を解釈する」局面でもきわめて有効です。たとえば「この設問データはどんな意味を持ち、そうだとすればどんな病態像や病名になるか」と「意識的に推論」することで情報の意味が明確になるはずです。

と、最後は自分の、重症アトピーで正しい診断が得られず苦しかった日々を思い出し、つい力が入ってしまいました。

この本が、読者の方の思考力向上に役立ち、全試験、さらには全人生の助けとなれば、私にとってこれ以上の幸せはありません。最後までお読みくださり、ありがとうございました。

２０２１年１月

β（ベータ）国語教室　代表　善方威

【著者紹介】

善方　威（ぜんぽう・たけし）

◉——早稲田大学法学部卒。中学受験国語塾 β（ベータ）国語教室代表(経営者、指導責任者)。東京都内に５教室を展開(千駄木、本駒込、南青山、白金高輪、お茶の水)。講師数約20名、受講者数約100名。

◉——早稲田大学在学中は、司法試験受験サークル緑法会で幹事長を務める。また、司法試験受験中は、辰巳法律研究所で司法試験の模擬試験問題の作成、解説の執筆も行う。司法試験の受験勉強をきっかけとして、重症アトピーを発症(IGE13000、250以上が異常値）し、全身の免疫力が低下。救急外来への通院を繰り返し、受験を断念（現在は完治)。司法試験受験生時の 塾講師のアルバイトにて「法律の問題の解き方を国語の問題の解き方に応用できる」ことを発見。

◉——以後、「法律のこの問題と 国語のこの問題は似ている」というユニークかつ確実な裏づけある視点を利用し、思考力を高める方法、および、国語の問題の解き方を追究。四谷大塚講師を経て、1994年文京区千駄木に日本初の中学受験国語塾 β（ベータ）国語教室を開設。以来、約700人の受験生を、独自のノウハウに基づく 完全一対一の熱血指導で合格に導いている。

◉——著書に『全教科対応！　読める・わかる・解ける 超読解力』（かんき出版）がある。

全試験対応！　わかる・書ける・受かる　超思考力

2021年２月８日　　第１刷発行

著　者——善方　威

発行者——齊藤　龍男

発行所——株式会社かんき出版

東京都千代田区麹町4-1-4 西脇ビル　〒102-0083

電話　営業部：03(3262)8011㈹　編集部：03(3262)8012㈹

FAX　03(3234)4421　　振替　00100-2-62304

https://kanki-pub.co.jp/

印刷所——大日本印刷株式会社

©Takeshi Zenpou, 2021 Printed in Japan ISBN978-4-7612-3028-9 C0030